中等职业教育“十二五”规划教材
中 职 中 专 会 计 类 教 材 系 列

会计基础模拟实训

（第二版）

李建华 主 编
苏 沁 副主编

科 学 出 版 社
北 京

内 容 简 介

本书以职业能力为导向，遵循职业生涯发展规律，依照《小企业会计准则》、《小企业会计制度》，紧跟最新财税改革新知识，围绕岗位业务流程，全仿真性地设置任务内容。

本书主要内容包括填制与审核原始凭证、填制与审核记账凭证、设置与登记会计账簿、编制会计报表、科目汇总表账务处理程序的应用。

本书既可作为中等职业技术学校会计相关专业学生的学习用书，也可作为会计初学者或广大会计从业人员岗前培训的参考用书。

图书在版编目（CIP）数据

会计基础模拟实训/李建华主编.—2版 —北京：科学出版社，2015
（中等职业教育“十二五”规划教材·中职中专会计类教材系列）
ISBN 978-7-03-043965-9

Ⅰ.①会… Ⅱ.①李… Ⅲ.①会计学-中等专业学校-教材
Ⅳ.①F230

中国版本图书馆CIP数据核字（2015）第057661号

责任编辑：王纯刚 王 琳 / 责任校对：王万红
责任印制：吕春珉 / 封面设计：耕者工作设计室

科学出版社出版
北京东黄城根北街16号
邮政编码：100717
http://www.sciencep.com

三河市骏杰印刷有限公司印刷

科学出版社发行 各地新华书店经销
*
2007年8月第 一 版 开本：787×1092 1/16
2015年6月第 二 版 印张：22 插页：2
2017年9月第四次印刷 字数：500 000

定价：49.00元

（如有印装质量问题，我社负责调换〈骏杰〉）
销售部电话 010-62140850 编辑部电话 010-62135763-2038

中职中专会计类教材系列
编委会

序

随着我国社会主义市场经济的发展，生产标准向个性化转变，要求劳动者具有综合职业能力；企业人事组织岗位的变化，更看重人的综合素质；生产岗位的变化也使得职业的流动性越来越强，要求人们注重终身教育。而从中等职业学校毕业生的社会需求来看：用人单位更注重学生的综合素质以及其从事生产、技术、服务、管理第一线或其辅助性工作的操作技能，不过分强调专业理论；从业人员需要有更大的发展弹性，以适应继续学习和转岗的需要。

基于以上认识，中等职业技术教育改革必须打破传统的教育观念，树立新的职业教育理念。职业教育具有典型的应用性、突出的技能性、较强的实践性等特征。财经类中等职业技术学校的培养目标应定位在“培养既具有可持续发展能力，又具有初步执业技能的财经文员”上。为此，中等职业技术教育应以“依据职业能力需求，围绕岗位业务流程，遵循职业生涯发展规律”为基本思路，构建“通用能力模块、专业技能模块、能力拓展模块”的模块课程体系。

多年来，我国有关会计职业教育方面的教材仅以学科体系为依据编写，仅注重知识的传授，不注重能力培养，与中等职业技术教育会计专业的培养目标相去甚远，因此教材改革势在必行。通过社会调研论证，我们确立了以培养学生综合素质为核心、以加强就业上岗能力为重点、以强化技能训练为特色的编写原则，构建了如下会计专业模块课程体系：

1. “通用能力模块”课程

包括会计基本技能、会计基础及实训。

2. “专业技能模块”课程

包括出纳实务、企业财务会计实务、成本核算实务、涉税会计实务、商品流通企业购销实务、会计综合实训。

3. “能力拓展模块”课程

包括审计实务、银行会计实务、财务管理、财经法规与会计职业道德。

以上课程均编写了相应的教材，所有教学内容可在两年（四个学期）内完成。本系列教材具有以下两个突出的特点：

1. 突出实训

本系列教材在编写上以会计实训、会计案例为主导，每本教材均配置相应的实训练习，彻底改变了以往以会计理论为主导的会计教材模式。本系列教材始终把学生掌握技能作为重中之重，围绕技能核心，让学生在实训中掌握理论知识，真正提高学生的动手能力。

2. 便于操作

按常用的财务软件模块，本系列教材将传统的《财务会计》教材划分为出纳实务、企业财务会计实务、成本核算实务、涉税会计实务、商品流通企业购销实务、会计综合实训六部分内容，每个内容均可相对独立，学生每学完一部分内容，即可取得一定的学分。这六部分内容实为化整为零、化繁为简，注重与实践相结合，增加企业核算实例，且在保留原财务会计主要内容的基础上，减少深奥难懂的理论内容，丰富了操作性强的实训内容，同时使会计手工记账与计算机记账相结合。学生完成以上六部分内容的学习，就可胜任企业的出纳、会计、统计工作。此外，通过计算机记账教学的加强，还能灵活运用不同的财务软件。

本系列教材主要适用于中等职业技术学校财经类专业学生学习。在学习过程中同步配以实训练习，条件较好的学校还可直接在计算机上采用不同的财务软件，按会计岗位进行教学，使学生在学习期间提高手工记账和计算机记账的技能。

本系列教材的作者来自全国多所财经类中等职业学校一线教学经验丰富的会计教师，每本教材都是作者多年教学经验的总结，南北方的会计教学经验在此得到了完美的融合。我们相信，本套会计系列教材一定能使我国中等职业技术学校从事会计教育的老师得到启发和帮助。

前言

（第二版）

根据教育部《面向21世纪教育振兴行动计划》提出的实施职业教育课程改革思路，本书以职业能力为导向，遵循职业生涯发展规律，围绕岗位业务流程设置任务内容，从填制与审核原始凭证开始，业务熟练后，随着岗位业务流程的转换，再到填制与审核记账凭证，进而设置与登记会计账簿，最终编制会计报表；最后，为了给会计初学者一次整体的练习，将以上各个岗位的会计工作以科目汇总表账务处理程序串联起来，再进行一次综合性的打包训练，由浅入深，循序渐进，有利于会计初学者由点到面、由个体到整体地掌握会计核算的基本技能。

编者在编写本书过程中，力求突出新工艺、新材料、新技术和新方法，以《小企业会计准则》为基准，紧跟最新财税改革新知识，如经国务院批准，财政部、国家税务总局联合颁发的《营业税改征增值税试点方案》。本书设置的经济事项均浓缩于企业真实的经济业务，采用了目前实际工作中最新的电子发票、银行结算凭证、电子税票等原始凭证，仿真性强；在任务设计上采用了任务引领法，形象直观，通俗易懂，为会计初学者提供了操作性强的实战训练。

本书由广东省财政职业技术学校的李建华担任主编，由广东省财政职业技术学校的苏沁担任副主编。具体编写分工如下：单元1由李建华编写；单元2由苏沁编写；单元3由河南郑州会计学校的谢彬编写；单元4由陕西汉中市财经学校的雷娟娟编写；单元5由广东省财政职业技术学校的张从容编写。

尽管编者在编写中力求体现中等职业技术学校教育的特色，以满足大力发展职业教育的需要，但由于编者水平有限，书中不足之处在所难免，敬请读者批评指正。

编　者

2015年1月

前言

（第一版）

本教材根据新会计准则编写，以职业能力为导向，遵循职业生涯发展规律，围绕岗位业务流程设置实训内容，从初识会计开始“认知原始凭证”，到“原始凭证的填制与审核”，随着岗位业务流程的转换，再到“记账凭证的填制与审核”以及“会计账簿的登记”，最终编制“会计报表”，最后，为了给会计初学者一个整体的练习，将以上各个环节的会计工作以科目汇总表核算程序串联起来，再进行一个小综合性的打包训练，由浅入深，循序渐进，全仿真性地设置实训内容，有利于会计初学者由点到面、由个体到整体地掌握会计核算的基本技能。

在编写过程中，我们力求突出体现新工艺、新材料、新技术和新方法，不仅教材设置的经济事项均浓缩于企业真实的经济业务，采用了目前实际工作中最新的发票、银行结算凭证、电子税票等原始凭证，仿真性强，而且在实训设计上采用了项目驱动法，形象直观，通俗易懂，为会计初学者提供了操作性强实战训练，是会计基础理论学习的极好的配套教材，也是广大会计从业人员岗前培训的实战演练。

本书由广东省财政职业技术学校高级讲师李建华主编、广东省财政职业技术学校讲师苏沁副主编。第 1 章原始凭证的填制与审核由广东省财政职业技术学校李建华老师编写；第 2 章记账凭证的填制与审核由广东省财政职业技术学校苏沁老师编写；第 3 章会计账簿的设置与登记由河南郑州会计学校谢彬老师编写；第 4 章会计报表的编制由河南省商务学校樊珂编写；第 5 章科目汇总表账务处理程序的应用由广东省财政职业技术学校张从容老师编写。

尽管我们在编写中力求体现中等职业技术学校教育教材的特色，以满足大力发展职业教育的需要，但由于编者水平有限，错误之处在所难免，敬请读者批评指正。

编　者

2007 年 8 月

目录

单元 1 填制与审核原始凭证

任务 1.1 认知原始凭证，描述经济业务

1.1.1 任务目的

通过认识下列活动资料中常见的原始凭证，学会阅读原始凭证，学会读懂会计的特殊语言，学会描述原始凭证所反映的经济业务内容；认真观察财务印章的使用，总结原始凭证的基本内容。

1.1.2 任务情景引例

广州花城饮食有限公司是广东一家著名的食品加工企业，它所生产的广味食品享誉海内外。2013 年 8 月，中秋节临近，公司积极抢占市场，加班加点生产，发生以下月饼生产业务。

【业务 1】

11040230621 **北京市增值税专用发票** No 30699827

（印章：全国统一发票监制章 北京 国家税务局监制）

发 票 联　　　　开票日期：2013 年 8 月 6 日

购货单位	名　　称：北京瑞莎百货有限公司 纳税人识别号：110105142375568 地 址、电 话：北京市秀南路 209 号 010-852482×× 开户行及账号：工行北京市北松街支行 110018620055					密码区	（略）	
货物及应税劳务名称	规格型号	单位	数量	单价		金 额	税率	税额
双黄白莲蓉月饼		盒	1 000	88.00		88 000.00	17%	14 960.00
五仁月饼		盒	500	98.00		49 000.00	17%	8 330.00
七星伴月月饼		盒	800	112.00		89 600.00	17%	15 232.00
合　计						￥363 600.00		￥38 522.00
价税合计（大写）	⊗肆拾万贰仟壹佰贰拾贰元整					（小写）￥402 122.00		
销货单位	名　　称：广州花城饮食有限公司 纳税人识别号：440162830738131 地 址、电 话：广州市十三行 124 号 020-831702×× 开户行及账号：中国工商银行广州市荔湾支行 8032962367780					备注	（印章：广州花城饮食有限公司 440162830738131 发票专用章）	

收款人：文婷婷　　复核：刘美丹　　开票人：王辰　　销货单位（章）：

第三联 记账联 销货方记账凭证

图 1.1

ICBC 中国工商银行 托收凭证（受理回单）①

委托日期 2013 年 08 月 06 日

<table>
<tr><td colspan="2">业务类型</td><td colspan="6">委托收款（□邮划 □电划） 托收承付（□邮划 □电划）</td></tr>
<tr><td rowspan="3">付款人</td><td>全称</td><td colspan="3">北京瑞莎百货有限公司</td><td rowspan="3">收款人</td><td>全称</td><td>广州花城饮食有限公司</td></tr>
<tr><td>账号</td><td colspan="3">110018620055</td><td>账号</td><td>8032962367780</td></tr>
<tr><td>地址</td><td>北京市</td><td>开户行</td><td>工行北京市北松街支行</td><td>地址</td><td>广州市 开户行 工行广州市荔湾支行</td></tr>
<tr><td>金额</td><td colspan="5">人民币（大写）肆拾万贰仟壹佰贰拾贰元整</td><td colspan="2">千 百 十 万 千 百 十 元 角 分
¥ 4 0 2 1 2 2 0 0</td></tr>
<tr><td>款项内容</td><td>销货款</td><td>托收凭据名称</td><td colspan="2">销货发票</td><td colspan="3">附寄单证张数 2 张</td></tr>
<tr><td>商品发运情况</td><td colspan="2">已发货</td><td colspan="2">合同名称号码</td><td colspan="3"></td></tr>
<tr><td colspan="2">备注：
复核 记账</td><td colspan="3">款项收妥日期
年 月 日</td><td colspan="3">付款人开户银行签章
中国工商银行股份有限公司广州白云支行 2013.08.06 受理凭证专用章 收讫抵用（01）
年 月 日</td></tr>
</table>

图 1.2

任务要求：描述原始凭证（图 1.1 和图 1.2）所反映的经济业务内容：________________

____

____

【业务 2】

特约 同城特约委托收款凭证（付款通知）5 第 号

委托日期 2013 年 08 月 12 日 №：0013023

<table>
<tr><td rowspan="3">付款人</td><td>全称</td><td>广州花城饮食有限公司</td><td rowspan="3">收款人</td><td>全称</td><td colspan="3">中国电信广州分公司</td></tr>
<tr><td>账号或地址</td><td>8032962367780</td><td>账号</td><td colspan="3">44100088672215</td></tr>
<tr><td>开户银行</td><td>工行广州市荔湾支行</td><td>开户银行</td><td>工行广州市天河支行</td><td>行号</td><td>09834</td></tr>
<tr><td>委收金额</td><td colspan="3">人民币（大写）伍万玖仟叁佰零肆元捌角捌分</td><td colspan="3">千 百 十 万 千 百 十 元 角 分
¥ 5 9 3 0 4 8 8</td></tr>
<tr><td>款项内容</td><td>电信费</td><td>委托收款凭据名称</td><td>07 月电信收费</td><td>附寄单证张数</td><td colspan="2">1 张</td></tr>
<tr><td colspan="4"></td><td colspan="3">付款人注意：
1. 上列款项已全部划给收款人。
2. 如需拒付，应按照有关规定，由付款人与收款人自行联系解决。</td></tr>
</table>

中国工商银行广州市荔湾支行 2013.08.10 付讫

发票联（付款方记账凭证）

单位主管： 会计： 复核： 记账： 付款人开户银行： 年 月 日

图 1.3

中国电信股份有限公司广州分公司收费专用发票

发　票　联

发票代码 244011241603
发票号码 23423493

开票日期：2013 年 08 月 12 日　　行业分类：电信业

客户名称：广州花城饮食有限公司		客户号码：83643900-83643922	
开户银行：工行广州对公代交		银行账号：441000886722152	
计费周期：2013-07-01：2013-07-31		系统流水号：102172418668	
项　目	金额（元）	项　目	金额（元）
套餐费用	4 094.00		
语音通信费	73.14		
优惠赠送	− 68.08		
本月合计：4 099.06　其中预付金支付：0.00		银行支付：4 099.06	
(大写)⊗肆仟零玖拾玖元零角陆分		(小写)：¥4 099.06	
备注：			

开票人：中国电信广州分公司　　收款单位（盖章）：

说明：本发票经收款单位和收款员盖章方为有效。详细话费信息可查询网上客户服务中心（gd.ct10000.com）。

图 1.4

任务要求：描述原始凭证（图 1.3 和图 1.4）所反映的经济业务内容：________________

____

____

【业务 3】

中国工商银行支票存根（粤）

$\frac{E\ G}{0\ 2}$ 01486003

附加信息

出票日期 2013 年 08 月 11 日

收款人：广州珠江蛋品有限公司

金　额：¥ 9 126.00

用　途：购料

单位主管　李良昆　会计　那美

中国工商银行　支票（粤）　$\frac{E\ G}{0\ 2}$ 01486003

本支票付款期限十天

出票日期（大写）贰零壹叁年零捌月壹拾壹日　付款行名称：工行广州市荔湾支行

收款人：广州珠江蛋品有限公司　出票人账号：8032962367780

人民币（大写）	亿	千	百	十	万	千	百	十	元	角	分
玖仟壹佰贰拾陆元整					¥	9	1	2	6	0	0

用途购料

上列款项请从我账户内支付
出票人签章

广州花城饮食有限公司财务专用章　陈　波　林芃箐

复核　记账

图 1.5

4406214023 **广东增值税专用发票** No 98273069

发 票 联

开票日期：2013 年 08 月 11 日

购货单位	名　　称：广州花城饮食有限公司 纳税人识别号：440162830738131 地 址、电 话：广州市十三行 124 号 020-831702×× 开户行及账号：工行广州市荔湾支行 8032962367780				密码区	（略）	
货物及应税劳务名称	规格型号	单位	数量	单价	金额	税率	税额
咸鸭蛋黄		个	15 000	0.52	7 800.00	17%	1 326.00
合　　计					￥7 800.00		￥1 326.00
价税合计（大写）	⊗玖仟壹佰贰拾陆元整					（小写）￥9 126.00	
销货单位	名　　称：广州珠江蛋品有限公司 纳税人识别号：440188005477348 地 址、电 话：广州市岭南西路 2346 号 020-840615×× 开户行及账号：农行广州嘉禾支行 441005538090				备注	广州珠江蛋品有限公司 440188005477348 发票专用章	

收款人：程欣易　　复核：金茂品　　开票人：梅一兰　　销货单位（章）：

第二联 发票联 购货方记账凭证

图 1.6

4406214023 **广东增值税专用发票** No 98273069

发 票 联

开票日期：2013 年 08 月 11 日

购货单位	名　　称：广州花城饮食有限公司 纳税人识别号：440162830738131 地 址、电 话：广州市十三行 124 号 020-831702×× 开户行及账号：工行广州市荔湾支行 8032962367780				密码区	（略）	
货物及应税劳务名称	规格型号	单位	数量	单价	金额	税率	税额
咸鸭蛋黄		个	15 000	0.52	7 800.00	17%	1 326.00
合　　计					￥7 800.00		￥1 326.00
价税合计（大写）	⊗玖仟壹佰贰拾陆元整					（小写）￥9 126.00	
销货单位	名　　称：广州珠江蛋品有限公司 纳税人识别号：440188005477348 地 址、电 话：广州市岭南西路 2346 号 020-840615×× 开户行及账号：农行广州嘉禾支行 441005538090				备注	广州珠江蛋品有限公司 440188005477348 发票专用章	

收款人：程欣易　　复核：金茂品　　开票人：梅一兰　　销货单位（章）：

第一联 抵扣联 购货方扣税凭证

图 1.7

收　料　单

发票号码：No 0022734

供应单位：广州珠江蛋品有限公司　　　　收料单编号：010

材料类别：原料及主要材料　　　　2013 年 08 月 11 日　　　　收料仓库：材料库

编号	材料名称	规格	单位	数量		实际成本					备注
				应收	实收	买价		运杂费	其他	合计	
						单价	金额				
	咸鸭蛋黄		个	15 000	15 000	0.52	7 800.00			7 800.00	
合计						￥7 800.00					

第三联　记账联

主管：张建明　　采购员：王庆刚　　检验员：张建明　　保管员：温柔　　制单：温柔

图 1.8

购　销　合　同

№ 20130718

甲方：广州花城饮食有限公司

乙方：广州珠江蛋品有限公司

双方经友好协商，就采用预付货款购货方式，订立如下合同：

一、购销货物：咸鸭蛋黄 15 000 个，每个 0.52 元。

二、付款方式：乙方于 2013 年 8 月 11 日将合同标的送货至甲方，甲方验收合格后以支票一次结清货款。

三、供货时间：2013 年 8 月 11 日送货。

四、违约责任：违约方向守约方交违约金 10 000 元。

五、本合同自 2013 年 7 月 16 日生效，合同义务履行完自动失效。

六、合同未尽事宜，由甲乙双方协商解决。

甲方：盖章（广州花城饮食有限公司）　　　　乙方：盖章（广州珠江蛋品有限公司）

代表签字：王培剑　　　　代表签字：元文强

2013 年 7 月 16 日　　　　2013 年 7 月 16 日

图 1.9

任务要求：描述原始凭证（图 1.5～图 1.9）所反映的经济业务内容：________________

____

____

【业务 4】

现金支出凭单　　　　第 18 号

附件 1 张　　　　2013 年 08 月 13 日

对方科目	
编　　号	

用款事项：车辆加油费、路桥费

人民币（大写）：叁佰捌拾贰元五角整　　现金付讫　　￥382.50

收款人	主管		会计		出纳员	
李超群	人员	李良昆	人员	那　美	付　讫	林芃箐
（签章）	（签章）		（签章）		（签章）	

图 1.10

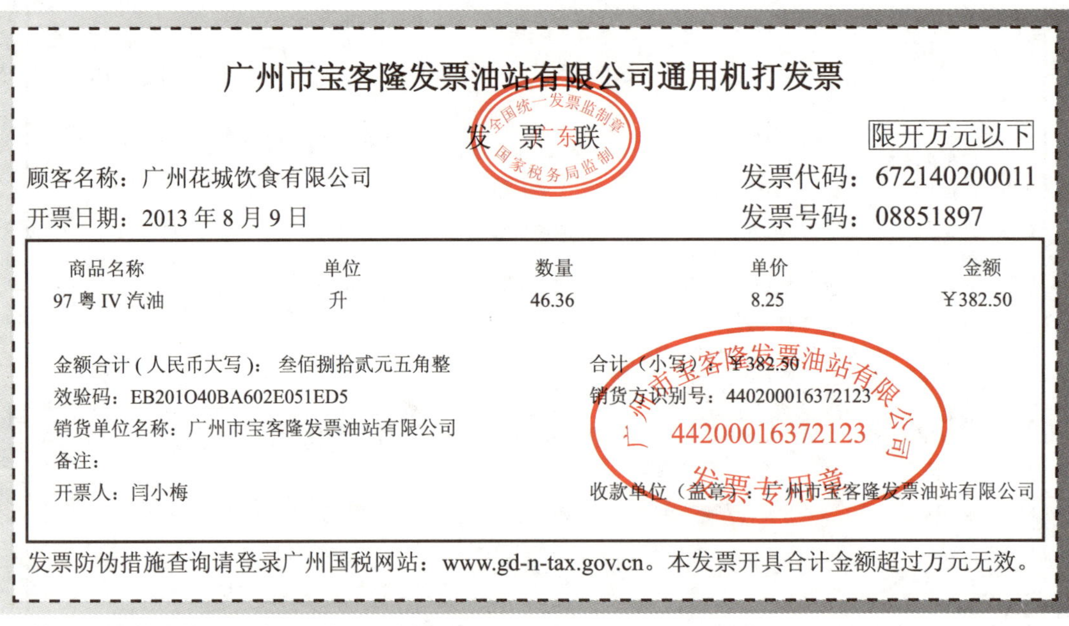

广州市宝客隆发票油站有限公司通用机打发票

发　票　联　　　　限开万元以下

（印章：全国统一发票监制章　广东　国家税务局监制）

顾客名称：广州花城饮食有限公司　　　　发票代码：672140200011

开票日期：2013 年 8 月 9 日　　　　发票号码：08851897

商品名称	单位	数量	单价	金额
97 粤 IV 汽油	升	46.36	8.25	￥382.50

金额合计（人民币大写）：叁佰捌拾贰元五角整　　合计（小写）：￥382.50

效验码：EB201O40BA602E051ED5　　销货方识别号：440200016372123

销货单位名称：广州市宝客隆发票油站有限公司

备注：

开票人：闫小梅　　收款单位（盖章）：广州市宝客隆发票油站有限公司

（印章：广州市宝客隆发票油站有限公司　44200016372123　发票专用章）

发票防伪措施查询请登录广州国税网站：www.gd-n-tax.gov.cn。本发票开具合计金额超过万元无效。

图 1.11

任务要求：描述原始凭证（图 1.10 和图 1.11）所反映的经济业务内容：＿＿＿＿＿＿＿＿

【业务 5】

领　料　单

____字第____________号

领料部门 生产车间　　　　　　　　　　　　　　　　No. 1110017

生产通知单号别________　　　　2013 年 8 月 17 日

制品名称：双黄白莲月饼				制造数量：5 000 个			领料用途：生产产品									第二联 财务
编号	品名	规格	单位	请领数量	实发数量	单价	金额									
							百	十	万	千	百	十	元	角	分	
001	咸鸭蛋黄		个	10 000	10 000	0.52				5	2	0	0	0	0	
002	白莲蓉		千克	675	675	72.00			4	8	6	0	0	0	0	
008	米粉		千克	125		5.66					7	0	7	5	0	
附件：				张	合　计			¥	5	4	5	0	7	5	0	

主管：张建明　　会计：王庆刚　　记帐：王萌　　收料员：温柔　　领料员：韩冬　　制单：温柔

图 1.12

任务要求：描述原始凭证（图 1.12）所反映的经济业务内容：________________________

____

____

【业务 6】

ICBC　中国工商银行 资金汇划补充凭证　WY A03752297

网银打印代理网点号：0291　收报日期：2013-08-21 12:49:48　　指令标识：201308211250210930615

业务类别：网上银行集中处理系统指令　　业务编号：HQP410402153

付款人账号：806186740-59　　收款人账号：441000886722152

付款人户名：唐山百货股份有限公司　　收款人户名：广州花城饮食有限责任公司

付款人所在地：河北省唐山市　　收款人所在地：广东广州

付款人开户行：唐山市喜峰支行　　收款人开户行：工行广州市荔湾支行

大写金额：人民币壹拾柒万贰仟伍佰柒拾肆元整

小写金额：¥172 574.00　　打印序号：R2013082100300966513460

业务处理状态：联机已记账　　付款方式：加急

用途：货款　　提交人：27852720.c2010　　授权人：

备注：　　打印次数：第 1 次

打印柜机号：20100220042　　会计主管：　　记账：　　复核：

中国工商银行股份有限公司广州荔湾支行 核算专用章（65） 节振新

图 1.13

任务要求：描述原始凭证（图 1.13）所反映的经济业务内容：________________________

____

____

1.1.3　任务完成报告与评价

任务 2.2　填制原始凭证

1.2.1　任务目的

掌握各种发票、自制凭证、银行结算凭证、常用费用计算表及主要纳税申报表的填制方法。

1.2.2　任务情景引例

广州花城饮食有限公司创建于 1983 年，相关资料见表 1.1 和表 1.2。

表 1.1　企业基本情况

项　目	内　容
企业名称	广州花城饮食有限公司
企业类型	工业企业，为增值税一般纳税人，税率为 17%
法人代表	韩桑辰
地址	广州市十三行 124 号 020-831702××
联系电话	020-831702 ××
纳税人识别号	440162830738131
开户银行	工行广州市荔湾支行
账号	8032962367780（基本存款户）
生产产品	各种饼类、糖果等

表 1.2　企业部分责任人资料

职　务	姓　名	工 作 职 责
总经理	陈　波	负责公司的全面经营管理工作，审批企业费用支付
财务经理	李湘江	主管财务工作，审批财务支付，并负责会计凭证的审核
出 纳	林芃箐	负责办理现金、银行存款收付业务，负责登记现金日记账和银行存款日记账，负责工资及福利费结算汇总表的编制
会 计	王　非	负责全部记账凭证的填制，总账与明细账的登记，纳税申报和编制会计报表及开具各种发票等工作
仓库主管	毛雪飞	主管材料及产成品仓库，负责材料、产成品验收及质量检验
材料管理员	黎明辉	负责材料的收、发、存的实物管理
成品管理员	彭　期	负责库存商品的收、发、存的实物管理
销售提货员	寇建勋	负责销售产品时到成品仓库提货
采购部主管	韩　旭	主管材料物资采购计划的编制与审批等
采购员	周　品	负责各种材料物资的采购

广州花城饮食有限公司 2013 年 7 月发生部分经济业务及原始凭证如下。

【业务 1】7 月 2 日，购入原材料，开出支票，支付货款，原材料验收入库，见图 1.14～图 1.17。

4400236214 **广东增值税专用发票** No 69982730

（印章：全国统一发票监制章 广东 国家税务局监制）

发 票 联

开票日期：2013 年 7 月 2 日

购货单位	开户行及账号：工行广州市荔湾支行 8032962367780 名　　称：广州花城饮食有限公司 纳税人识别号：440162830738131 地 址、电 话：广州市十三行 124 号 020-831702××				密码区	（略）	
货物及应税劳务名称	规格型号	单位	数量	单价	金 额	税率	税额
蔗糖		千克	2 000	3.00	6 000.00	17%	1 020.00
食用色素		包	200	6.50	1 300.00	17%	221.00
合　计					7 300.00		1 241.00
价税合计（大写）	⊗捌仟伍佰肆拾壹元整				（小写）￥8 541.00		
销货单位	名　　称：广州康佳贸易公司 纳税人识别号：440548991092501 地 址、电 话：广州市沿江路 230 号 020-833572×× 开户行及账号：工行广州市沿江支行 33022898764542342				备注	（印章：广州康佳贸易公司 440548991092501 发票专用章）	

收款人：欧妮　复核：王海　开票人：黄丛军　销货单位（章）：

第二联 发票联 购货方记账凭证

图 1.14

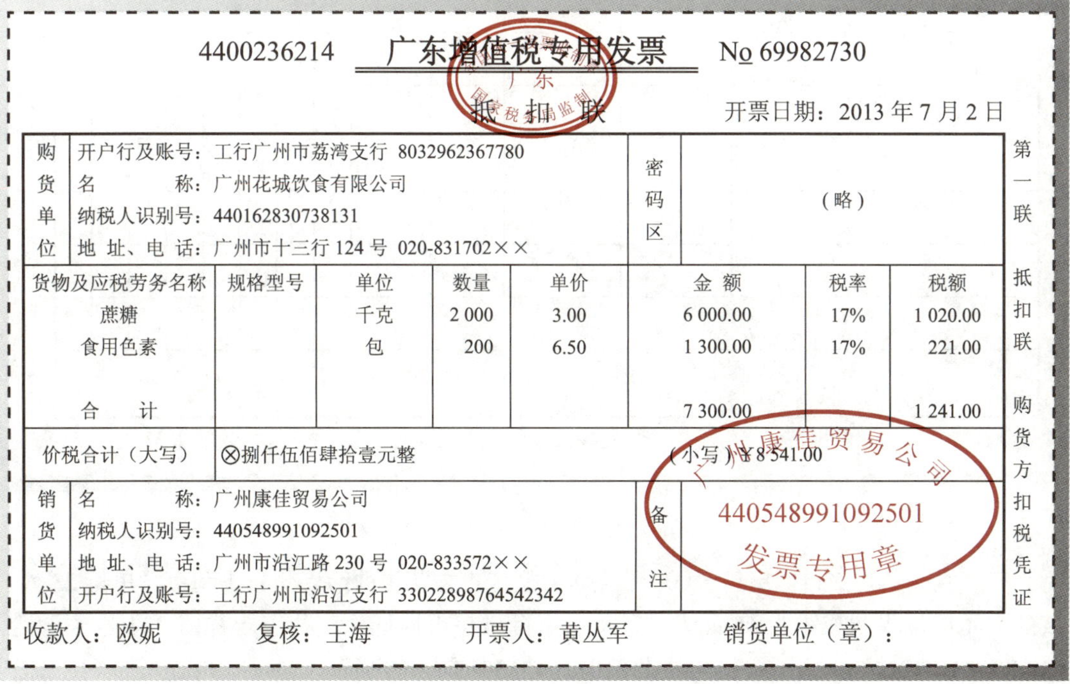

4400236214 **广东增值税专用发票** No 69982730

（印章：全国统一发票监制章 广东 国家税务局监制）

抵 扣 联

开票日期：2013 年 7 月 2 日

购货单位	开户行及账号：工行广州市荔湾支行 8032962367780 名　　称：广州花城饮食有限公司 纳税人识别号：440162830738131 地 址、电 话：广州市十三行 124 号 020-831702××				密码区	（略）	
货物及应税劳务名称	规格型号	单位	数量	单价	金 额	税率	税额
蔗糖		千克	2 000	3.00	6 000.00	17%	1 020.00
食用色素		包	200	6.50	1 300.00	17%	221.00
合　计					7 300.00		1 241.00
价税合计（大写）	⊗捌仟伍佰肆拾壹元整				（小写）￥8 541.00		
销货单位	名　　称：广州康佳贸易公司 纳税人识别号：440548991092501 地 址、电 话：广州市沿江路 230 号 020-833572×× 开户行及账号：工行广州市沿江支行 33022898764542342				备注	（印章：广州康佳贸易公司 440548991092501 发票专用章）	

收款人：欧妮　复核：王海　开票人：黄丛军　销货单位（章）：

第一联 抵扣联 购货方扣税凭证

图 1.15

中国工商银行支票存根（粤）

$\frac{E\ G}{0\ 2}$ 01465586

附加信息

出票日期　年　月　日

收款人：
金　额：
用　途：

单位主管　会计

中国工商银行　支票（粤）　$\frac{E\ G}{0\ 2}$ 01465586

本支票付款期限十天

出票日期（大写）　付款行名称：

收款人：　出票人账号：

人民币（大写）	玖仟壹佰贰拾陆元整	亿	千	百	十	万	千	百	十	元	角	分
						¥	9	1	2	6	0	0

用途

上列款项请从
我账户内支付
出票人签章

广州花城饮食有限公司财务专用章　陈　波　林芃箐

复核　记账

图 1.16

收　料　单

年　月　日　　字第　号

来料单位：		发票		号			年　月　日收到
编号	材料名称	规格	送验数量	实收数量	单位	单价	金额（十 万 千 百 十 元 角 分）
合　计							
备注		验收人盖章			合计 ¥____		

会计：　出纳：　复核：　记账：　制单：

第三联　会计

图 1.17

【业务 2】7 月 5 日，出售 3 000 千克 XK 型朱古力花生糖给广州百惠超市，单价 23 元，该批产品单位生产成本为 15 元 / 千克（广州百惠超市地址：广州市吉祥路 234 号；电话：020-8332××××；税务登记号：440101104553085；开户行：建行广州连心支行；账号 1220-39013276578），见图 1.18 ～图 1.22。

0244106781 **广东增值税专用发票** No 343252528

此联不作报销、扣税凭证使用 开票日期： 年 月 日

购货单位	名称： 纳税人识别号： 地址、电话： 开户行及账号：					密码区	（略）	
货物及应税劳务名称	规格型号	单位	数量	单价		金额	税率	税额
合计								
价税合计（大写）						（小写）¥		
销货单位	名称： 纳税人识别号： 地址、电话： 开户行及账号：					备注	广州花城饮食有限公司 440162830738131 发票专用章	

收款人： 复核： 开票人： 销货单位（章）：

第三联 记账联 销货方记账凭证

图 1.18

产成品出库单

提货部门： 年 月 日 No. 036754

产品			单位	数量	单价	成本总额							产品明细账		说明
编号	名称	规格				万	千	百	十	元	角	分	页	号	

部门主管： 会计： 记账： 保管： 提货人： 制单：

第三联 记账联

图 1.19

本支票付款期限十天

中国建设银行　支票（粤）　$\frac{EG}{02}$ 01470288

出票日期（大写）贰零壹叁年零柒月零伍日　　付款行名称：建行广州连心支行

收款人：广州花城饮食有限公司　　出票人账号：1220-39013276578

人民币（大写）	捌万零柒佰叁拾元整	亿	千	百	十	万	千	百	十	元	角	分
					¥	8	0	7	3	0	0	0

用途 货款

上列款项请从

我账户内支付

出票人签章

广州百惠超市财务专用章　　蓝红光　　蔡　芝

复核　　记账

图 1.20

银行进账单

年　月　日

出票人	全　称											
	账　号											
	开户银行											
金额	人民币（小写）	亿	千	百	十	万	千	百	十	元	角	分
收款人	全　称											
	账　号											
	开户银行											
票据种类		票据张数										
票据号码												
备注：												

复核　　记账

银行进账单（回单）　1　AV 96207737

年　月　日

出票人	全　称		收款人	全　称	
	账　号			账　号	
	开户银行			开户银行	
金额	人民币（大写）		亿 千 百 十 万 千 百 十 元 角 分		
票据种类			票据张数		
票据号码					
	复核　记账				

此联是开户银行交给持（出）票人的回单

中国工商银行股份有限公司广州荔湾支行 2013.07.05 票据受理专用章（收妥抵用）（1）结算专用章

图 1.21

银行进账单（收账通知）　3

年　月　日

<table>
<tr><td rowspan="3">出票人</td><td>全　称</td><td colspan="11"></td></tr>
<tr><td>账　号</td><td colspan="11"></td></tr>
<tr><td>开户银行</td><td colspan="11"></td></tr>
<tr><td rowspan="2">金额</td><td rowspan="2">人民币（小写）</td><td>亿</td><td>千</td><td>百</td><td>十</td><td>万</td><td>千</td><td>百</td><td>十</td><td>元</td><td>角</td><td>分</td></tr>
<tr><td></td><td></td><td></td><td></td><td></td><td></td><td></td><td></td><td></td><td></td><td></td></tr>
<tr><td rowspan="3">收款人</td><td>全　称</td><td colspan="11"></td></tr>
<tr><td>账　号</td><td colspan="11"></td></tr>
<tr><td>开户银行</td><td colspan="11"></td></tr>
<tr><td colspan="2">票据种类</td><td colspan="11"></td></tr>
<tr><td colspan="2">票据号码</td><td colspan="11"></td></tr>
<tr><td colspan="5">收款人开户银行签章</td><td colspan="8"></td></tr>
</table>

复核　　　记账

中国工商银行股份有限公司
广州市荔湾支行
2013.07.05
票据受理专用章
（收妥抵用）（1）
结算专用章

图 1.22

【业务 3】7 月 10 日，采购部周品到上海出差，预借差旅费 3 000 元，见图 1.23 和图 1.24。

借　　据

部门：　　　　年　月　日　　　　第　　号

<table>
<tr><td colspan="4">今借到

人民币（大写）：＿＿＿＿＿＿＿＿＿＿＿＿ ￥＿＿＿＿

借款用途说明：＿＿＿＿＿＿＿＿＿＿＿＿＿＿＿＿</td></tr>
<tr><td>主管人
批　准</td><td>财务负责
人 意 见</td><td>部门负责
人 意 见</td><td>借款人
签　章</td></tr>
</table>

图 1.23

现金支出凭单　　第　号

附件　张　　年　月　日　　对方科目编号：

用款事项：

人民币（大写）：　　现金付讫　　￥

收款人	主管人员	会计人员	出纳员付讫
（签章）	（签章）	（签章）	（签章）

图 1.24

【业务 4】7 月 13 日，以委托付款方式电划支付 6 月电话费（广东省电信公司广州市公司开户行：中国工商银行广州市天河支行；账号：3000113602822901），见图 1.25 和图 1.26。

特约　**同城特约委托收款凭证（付款通知）**　5　　第　号

委托日期　年　月　日　　No.：0013023

付款人	全　称		收款人	全　称	
	账　号或地址			账　号	
	开户银行			开户银行	行号 09834
委收金额	人民币（大写）				千 百 十 万 千 百 十 元 角 分
款项内容	电信费	委托收款凭据名称	07 月电信收费	附寄单证张数	1
				付款人注意： 1．上列款项已全部划给收款人。 2．如需拒付，应按照有关规定，由付款人与收款人自行联系解决。	

中国工商银行广州市荔湾支行 2013.07.13 付讫

发票联（付款方记账凭证）

单位主管：　会计：　复核：　记账：　付款人开户银行：　年　月　日

图 1.25

中国电信股份有限公司广州分公司收费专用发票

发票联

全国统一发票监制章 广东省广州市地方税务局监制

发票代码 244011241603

发票号码 34932342

开票日期：2013 年 07 月 13 日　　行业分类：电信业

客户名称：广州花城饮食有限公司		客户号码：83643900-83643922	
开户银行：工行广州对公代交		银行账号：441000886722152	
计费周期：2013-06-01：2013-06-31		系统流水号：102178668241	
项　目	金额（元）	项　目	金额（元）
套餐费用	3 940.00		
语音通信费	73.14		
优惠赠送	－51.08		
本月合计：3 962.06　其中预付金支付：0.00		银行支付：3 962.06	
(大写)⊗叁仟玖佰陆拾贰元零角陆分		(小写)：￥3 962.06	
备注：			

开票人：中国电信广州分公司　　收款单位（盖章）：

中国电信股份有限公司广州分公司 440106748017099 发票专用章

说明：本发票经收款单位和收款员盖章方为有效。详细话费信息可查询网上客户服务中心（gd.ct10000.com）。

图 1.26

【业务 5】7 月 15 日，偿还江西曜邦公司的购货款 30 000 元（曜邦公司地址：江西南昌市井冈山路 123 号；开户行：农行江西南昌市支行；账号：550-397-8623098654），见图 1.27。

中国工商银行信汇凭证（回单）　　3

委托日期　　年　月　日

汇款人	全　称				收款人	全　称			
	账号或住址					账号或住址			
	汇出地点		汇出行全　称			汇入地点		汇入行全　称	
金额	人民币（大写）					百 十 万 千 百 十 元 角 分			
款项已汇入收款人账户 汇入行签章						支付密码			
						附加信息及用途： 支付货款 复核　　记账			

此联汇出行给付款人的回单

中国工商银行股份有限公司广州荔湾支行 2013.07.05 票据受理专用章（收妥抵用）（1）结算专用章

图 1.27

【业务 6】7 月 21 日，开出现金支票，从银行提取现金 85 000 元，备发工资，见图 1.28。

中国工商银行支票存根（粤）

$\frac{E\ G}{0\ 2}$ 01465587

附加信息

出票日期　　年　月　日

收款人：
金　额：
用　途：

单位主管　　　会计

中国工商银行　支票（粤）　$\frac{E\ G}{0\ 2}$ 01465587

本支票付款期限十天

出票日期（大写）　　　付款行名称：

收款人：　　　出票人账号：

人民币（大写）	亿	千	百	十	万	千	百	十	元	角	分

用途＿＿＿＿

上列款项请从我账户内支付

出票人签章

广州花城饮食有限公司财务专用章　陈　波　林芃箐

复核　　　记账

图 1.28

【业务 7】7 月 23 日，销售给个体工商户李柠巧克力花生糖 30 千克，每斤 25 元，收取现金，见图 1.29。

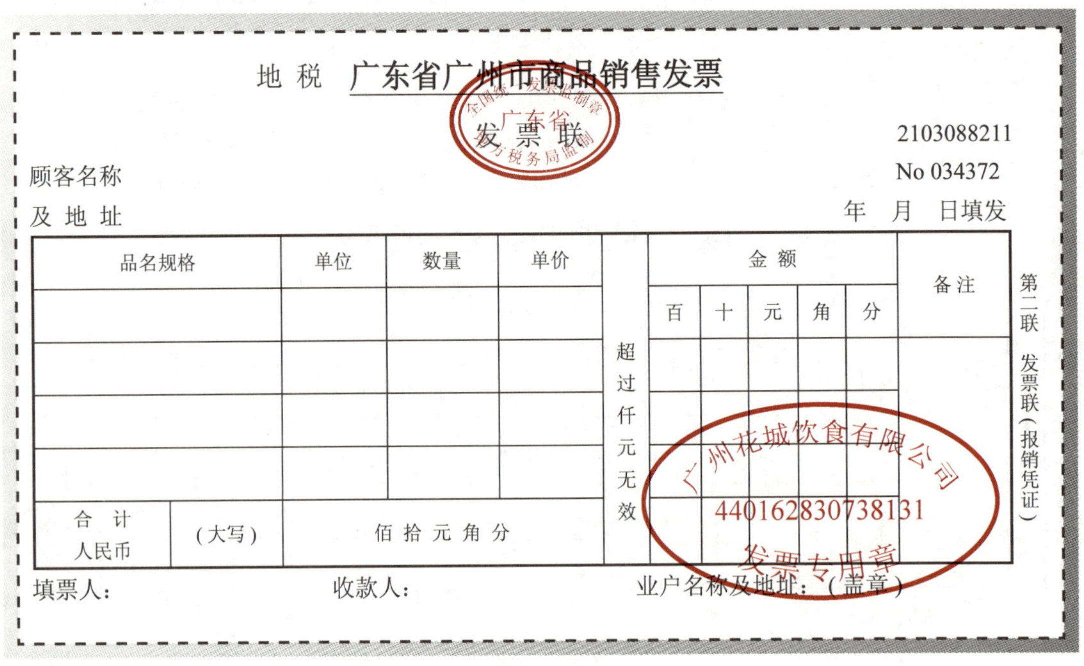

地税　广东省广州市商品销售发票

发票联

（全国统一发票监制章　广东省地方税务局监制）

2103088211

No 034372

顾客名称及地址　　　　年　月　日填发

品名规格	单位	数量	单价	超过仟元无效	金额 百	十	元	角	分	备注
合计人民币	（大写）	佰 拾 元 角 分								

填票人：　　　收款人：　　　业户名称及地址：（盖章）

广州花城饮食有限公司　440162830738131　发票专用章

第二联　发票联（报销凭证）

图 1.29

【业务 8】7 月 28 日，将现金 35 000 元送存银行（其中：100 元 200 张，50 元 180 张，20 元 150 张，10 元 300 张），见图 1.30。

中国工商银行

现金存款单　（回　单）

总字第 2351 号
字第 459 号

存款日期　　　　年　月　日

收款单位名称		开户银行 科目账号									
款项来源			金　额								
			百	十	万	千	百	十	元	角	分
人民币 （大写）											

券别	张数	金额	券别	张数	金额	收款银行盖章
壹佰元			贰元			中国工商银行股份有限公司 广州荔湾支行 2013.07.28 结算专用章
伍拾元			壹元			
贰拾元			伍角			
拾元			贰角			
伍元			壹角			

第一联　回单

会计：蓝红光　　　　复核：郭恋蝶　　　　记账：洪皓

图 1.30

【业务 9】7 月 31 日，计提本月职工福利费，见图 1.31。

职工福利费计提表

年　月　日

部　　门	应付工资总额（元）	计提比例（%）	计提金额（元）
生产车间工人	34 500	14	
车间管理人员	6 300	14	
厂部行政管理人员	41 200	14	
合　　计	85 000	—	

会计：　　　　复核：　　　　制单：

图 1.31

【业务 10】7 月 31 日，生产完工巧克力花生糖 5 000 千克，结转完工生产成本 60 000 元，见图 1.32 和图 1.33。

完工产品成本计算表

年 月 日

产品名称	计量单位	产　　量	总 成 本	单位成本
合　　计				

财务主管：　　审核：　　制表：

图 1.32

产成品进仓单　　No.1002608

完成部门：　　年 月 日

产品			单位	数量	单价	成本总额							说　明
编号	名称	规格				万	千	百	十	元	角	分	

文一公司供应　　②财务

会计：　记账：　保管：　验收：　部门主管：　缴仓：　制单：

图 1.33

1.2.3　任务要求

1）根据以上资料填制或补齐原始凭证项目，并掌握常见原始凭证的填制技能。

2）分组讨论总结：支票、增值税专用发票、银行进账单等原始凭证在填制时应注意哪些事项？

任务 3.3　审核原始凭证

1.3.1　任务目的

掌握原始凭证审核的要求及方法。

1.3.2　任务情景引例

广州花城饮食有限公司 2013 年 4 月发生部分经济业务及原始凭证如下。

【业务 1】4 月 6 日，刘翔购入办公用品一批，款以现金支付，见图 1.34 和图 1.35。

广州市商业企业发票

发票联

No：32145780

客户名称：________　　2013 年 4 月 6 日　　广东省国税

编　号	商品名称	规格	单位	数量	单价	金额							
						十	万	千	百	十	元	角	分
	复印纸	A4	包	10	22.00				2	2	0	0	0
	签字笔	黑	盒	20	15.00				3	0	0	0	0
	笔记本	大	本	30	3.00					9	0	0	0
	打卡纸	白	包	10	15.00				1	5	0	0	0
小写金额合计								¥	7	6	0	0	0
大写金额	零佰零拾零万零仟柒佰陆拾零元零角零分												

二 付款方收执

开票单位（盖章）：　　开票：

图 1.34

现金支出凭单

第 5 号

附件 1 张　　2013 年 4 月 6 日　　对方科目编号

用款事项：购买办公用品

人民币（大写）：柒佰陆拾元整　　¥760.00 元

收款人	主管人员	会计人员	出纳员付讫
刘　翔（签章）	（签章）	王　非（签章）	林芃箐（签章）

图 1.35

【业务 2】4 月 8 日，从广州康佳贸易公司购入巧克力粉等原材料一批，开出转账支票支付货款，材料未到达企业，见图 1.36～图 1.38。

中国工商银行支票存根（粤）

$\frac{E\ G}{0\ 2}$ 3465250

附加信息

出票日期 2013 年 4 月 8 日

收款人：
金　额：￥20 592.00
用　途：支付购货款

单位主管：李湘江　会计：王非

中国工商银行　支票（粤）　$\frac{E\ G}{0\ 2}$ 3465250

本支票付款期限十天

出票日期（大写）贰零壹叁年零肆月零捌日　付款行名称：

收款人：　出票人账号：

人民币（大写）	亿	千	百	十	万	千	百	十	元	角	分
贰万零伍佰玖拾贰元整				￥	2	0	5	9	2	0	0

用途　支付购货款

上列款项请从

我账户内支付

出票人签章　广州花城饮食有限公司财务专用章　陈　波　林芃箐

复核　记账

图 1.36

4040236215　广东增值税专用发票　No 06998273

发票联　开票日期：2013 年 4 月 8 日

购货单位	名　称：广州花城饮食有限公司 纳税人识别号：440162830738131 地 址、电 话：广州市荔湾路 82 号 020-831702×× 开户行及账号：工行广州市荔湾支行 8032962367780					密码区	（略）	
货物及应税劳务名称	规格型号	单位	数量	单价	金额	税率	税额	
巧克力粉		千克	200	34.00	6 800.00	17%	1 156.00	
面粉		千克	2 000	5.40	10 800.00	17%	1 836.00	
合　计					17600.00		2 992.00	
价税合计（大写）	⊗贰万零伍佰玖拾贰元整				（小写）￥20 592.00			
销货单位	名　称：广州康佳贸易公司 纳税人识别号：440548991092501 地 址、电 话： 开户行及账号：				备注	广州康佳贸易公司 440548991092501 发票专用章		

第二联　发票联　购货方记账凭证

收款人：欧妮　复核：王海　开票人：　销货单位（章）：

图 1.37

4400236215　**广东增值税专用发票**　No 06998273

抵　扣　联　　　开票日期：2013 年 4 月 8 日

购货单位	名　　称：广州花城饮食有限公司 纳税人识别号：440162839738131 地 址、电 话：广州市荔湾路 82 号 020-831702×× 开户行及账号：工行广州市荔湾支行 8032962367780				密码区	(略)	
货物及应税劳务名称	规格型号	单位	数量	单价	金 额	税率	税额
巧克力粉		千克	200	34.00	6 800 00	17%	1 156.00
面粉		千克	2 000	5.40	10 800 00	17%	1 836.00
合　计					17 600.00		2 992.00
价税合计（大写）	⊗贰万零伍佰玖拾贰元整						（小写）￥20 592.00
销货单位	名　　称：广州康佳贸易公司 纳税人识别号：440548991092501 地 址、电 话： 开户行及账号：				备注		

收款人：欧妮　　复核：王海　　开票人：　　销货单位（章）：

第一联　抵扣联　购货方扣税凭证

图 1.38

【业务 3】4 月 14 日，以转账支票支付会计人员业务培训费，见图 1.39 和图 1.40。

中国工商银行支票存根（粤）

$\frac{E}{0}\frac{G}{2}$ 1465263

附加信息

出票日期 2013 年 4 月 14 日

收款人：凯迪会计培训中心

金　额：￥1 540

用　途：

单位主管　　会计

中国工商银行　支票（粤）　$\frac{E}{0}\frac{G}{2}$ 1465263

本支票付款期限十天

出票日期（大写）贰零壹叁年零肆月拾肆日　付款行名称：工行广州市荔湾支行

收款人：凯迪会计培训中心　出票人账号：8032962367780

人民币（大写）	亿	千	百	十	万	千	百	十	元	角	分
壹仟伍佰肆拾元整					￥	1	5	4	0	0	0

用途________

上列款项请从我账户内支付

出票人签章　广州花城饮食有限公司财务专用章　林芃箐

复核　记账

图 1.39

广州市国家税务局通用机打发票

发 票 联

开票日期：2013-4-10　　行业分类：文化艺术类　　发票代码：440125498600

发票号码：440600211

机打代码：440125498600　　机器号码：6888326479830

机打号码：440600211　　税控机：44023132785340987034580

付款单位：广州花城饮食有限公司

品名	规格	单位	数量	单价	金额
培训费		人	5	308	1 540.00

大写金额：壹仟伍佰肆拾元整　　小写金额：￥1 540.00

收款单位：广东省金太阳文化传播有限公司　　收款单位税号：440384622201922

备　注：

图 1.40

【业务 4】4 月 18 日，按照生产 008 号通知，生产车间为生产 500 千克巧克力花生糖领用原材料，见图 1.41。

领 料 单

____字第____________号

领料部门____________

生产通知单号别__________　　年　月　日　　No. 1128803

制品名称：巧克力花生糖　　制造数量：　　领料用途：生产产品

编号	品　名	规格	单位	请领数量	实发数量	单价	金额								
							百	十	万	千	百	十	元	角	分
033	面 粉		千克	500	500	5.40				2	7	0	0	0	0
031	巧克力粉		千克	20	20	34.00					6	8	0	0	0
附件：				张	合　计										

第二联　财务

主管：　会计：　记账：　发料：　领料：　制单：

图 1.41

【业务 5】 4 月 23 日，收到职工吴冕交回的欠款 2 000 元，见图 1.42。

收　据

2013 年 4 月 23 日　　No：023018

今收到 吴 冕

交 来 欠 款

人 民 币 （大写） 贰仟元整　　¥2 000.00

收款人：林芃箐　　交款人：

图 1.42

【业务 6】 4 月 27 日，业务科郭勤志报销业务招待餐费，以现金支付，见图 1.43 和图 1.44。

现金支出凭单　　第 18 号

附件　张　　2013 年 4 月 27 日　　对方科目编号

用款事项：业务招待餐费

人民币（大写）：叁仟伍佰元整　　¥ 3 500.00

收款人（签章）	郭勤志	主管人员（签章）		会计人员（签章）	王 非	出纳员付 讫（签章）	林芃箐

图 1.43

广东省地方税收通用发票（电子）

电子发票　手撕无效

发　票　联

发票代码 244011307030

开票日期：2012-04-10 13:22:01　　行业类别：饮食业　　发票号码 26670173

付款方名称：（单位）广州花城饮食有限公司

付款方识别号：

收款方名称：广州酒家饮食有限公司

收款方识别号：4401067471688

主管税务机关：广州市越秀区地方税务局　　防伪码：14587821567309823409470

序号	开票项目说明	金额
1	餐费	

合计（大写）：人民币壹仟叁佰捌拾元整　　合计（小写）：￥1 380.00

附注：

开票单位盖章：　　开票人：陈小红

本发票未登记抽奖，请您在30天内补录查验参与抽奖。建议您下次索票时提供手机号码，现场录入查验的登记抽奖。

No.13013001-30496416

图 1.44

【业务7】4月26日，广东浩明公司交来房室租金，收到转账支票一张，见图1.45和图1.46。

广东省广州市地方税收税控专用发票　地税监

发　票　联

发票代码 42401050036

查询电话：(020)12366-3　　发票号码　19244293

顾客名称：广东浩明公司　　校对号码：1932 9244211

开票日期：2013 年 4 月 26 日　　税控器号：430033013587　　税控防伪码：B7C442D620FB920

经营项目	收费说明	金　额
房　租		￥9500．00

合计人民币（大写）玖仟伍佰元整　　￥9 500.00

收款单位：广州花城饮食有限公司

税务登记号：440162830738131

地址及电话：

备注

开票人：王非　　收款人：林芃箐　　收款单位（盖章）：

图 1.45

中国建设银行　支票（粤）　$\frac{E}{0}\frac{G}{2}$ 472779166

本支票付款期限十天

出票日期（大写）贰零壹叁年零肆月拾伍日　　付款行名称：工行广市州越秀支行

收款人：广州花城饮食有限公司　　出票人账号：296232828931

人民币（大写）	玖仟伍佰元整	亿	千	百	十	万	千	百	十	元	角	分
						¥	9	5	0	0	0	0

用途 房租

上列款项请从

我账户内支付

出票人签章

广州浩明公司财务专用章　周豪誉　刘素枚

复核　　记账

图 1.46

【业务 8】4 月 30 日，向海南明珠百货公司销售巧克力花生糖 500 盒，单价 48 元 / 盒，货已发出，已办妥委托收款手续，见图 1.47 ～图 1.50。

销售产品发货单　　运输方式：自提

购货单位：　　2013 年 4 月 30 日　　发货单编号：98

货号	名称及规格	单位	数量	单价	金额								备注
					十	万	千	百	十	元	角	分	
	巧克力花生糖	盒	500	48.00	¥	2	4	0	0	0	0	0	
合　计	拾贰万肆仟零佰零拾零元零角零分　¥24 000.00												

销售部门负责人：方方　　发货人：彭期　　提货人：　　制单：彭期

图 1.47

产品出库单

2013 年 4 月 30 日　　第 98 号

编号	名称及规格	单位	数量	单价	金额									用途或原因
					百	十	万	千	百	十	元	角	分	
	巧克力花生糖	盒	500	30		¥	1	5	0	0	0	0	0	销售
合　计														

第三联 记账联

仓库主管：　会计：刘一览　质检员：易见连　保管员：彭期　制单：彭期

图 1.48

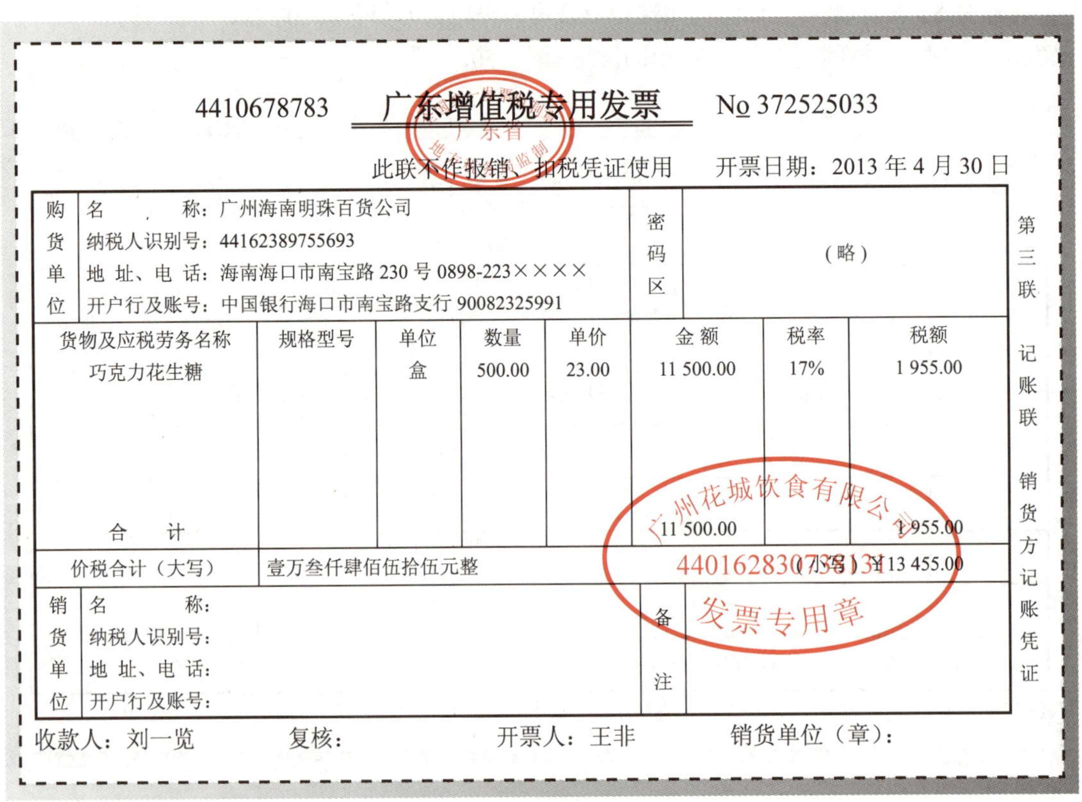
4410678783　**广东增值税专用发票**　No 372525033

此联不作报销、扣税凭证使用　开票日期：2013 年 4 月 30 日

购货单位	名称：广州海南明珠百货公司 纳税人识别号：44162389755693 地址、电话：海南海口市南宝路 230 号 0898-223×××× 开户行及账号：中国银行海口市南宝路支行 90082325991	密码区	（略）				
货物及应税劳务名称	规格型号	单位	数量	单价	金额	税率	税额
巧克力花生糖		盒	500.00	23.00	11 500.00	17%	1 955.00
合　计					11 500.00		1 955.00
价税合计（大写）	壹万叁仟肆佰伍拾伍元整				（小写）¥13 455.00		
销货单位	名称： 纳税人识别号： 地址、电话： 开户行及账号：	备注	广州花城饮食有限公司 发票专用章				

第三联 记账联 销货方记账凭证

收款人：刘一览　复核：　开票人：王非　销货单位（章）：

图 1.49

委托收款凭证（回单）　　1　委托号码：第 34 号

委邮　　　委托日期　　年　月　日　　付款期限 2013 年 4 月 30 日

延期期限　年　月　日

付款人	全　称	广州花城饮食有限公司	收款人	全　称	广州海南明珠百货公司
	账　号	8032962367780		账　号	90082325991
	开户银行	工行广州市荔湾支行		开户银行	中国银行海口市南宝路营业所

委收金额	人民币（大写）	千	百	十	万	千	百	十	元	角	分
				¥	1	3	4	5	5	0	0

款项内容	货款	委托收款凭据名称	销货发票	附寄单证张数	2 张

备注：	付款人注意： 1. 根据结算办法规定，上列托收款，在付款期限内未拒付时，即视同全部同意付款。 2. 如需提前付款或多付款时，应另写书面通知送银行办理。 3. 如系全部拒付或部分拒付，应在付款期限内另填拒绝付款理由书送银行办理。

中国工商银行股份有限公司 广州荔枝支行 结算专用章

此联付款人开户银行给付款人按期付款的通知

单位主管：　　会计：　　复核：　　记账：　　付款人开户行盖章：（略）4 月 30 日

图 1.50

1.3.3　任务要求

1）按照原始凭证填制要求，审核会计凭证，指出存在的问题，并进行更正或提出处理意见。

2）分组讨论总结：在审核原始凭证时要注意哪些细节？

单元2 填制与审核记账凭证

任务2.1 填制记账凭证

2.1.1 任务目的

1）熟悉工业企业的业务流程。

2）掌握记账凭证的填制。

3）学会整理和装订凭证。

2.1.2 任务情景引例

1. 企业概况

东莞凯歌电子厂建成于2001年，有关资料见表2.1和表2.2。

表2.1 企业基本情况

项 目	内 容
企业名称	东莞凯歌电子厂
企业类型	工业企业，为增值税一般纳税人，税率为17%
法人代表	欧阳辉煌
地址	东莞市大岭山镇工业区99号
联系电话	0769-856287××
纳税人识别号	44190000547757
开户银行	中国建设银行大岭山支行
账号	4400177780805110156（基本存款户）
生产产品	设有一个生产车间，生产电子线

表 2.2　企业部分责任人资料

部门		职务	姓名
管理部门	企划部	总经理	欧阳辉煌
		副总经理	李骏金
	财务部	财务部经理	张彬
		会计	陈芳香
		出纳	梁冬娴
	采购部	负责人	黄桐桐
		采购员	林维立
	仓储部	负责人（质量检验员）	曹梨
		材料、成品管理员	王荔
	设备部	负责人	戴雅
销售部		负责人	陆军方
		销售员	黎汉明
生产车间		主任	江淮
		领料员、成品管理员	许诺
		生产工人	蔡羽等人

企业生产工艺流程见图 2.1。

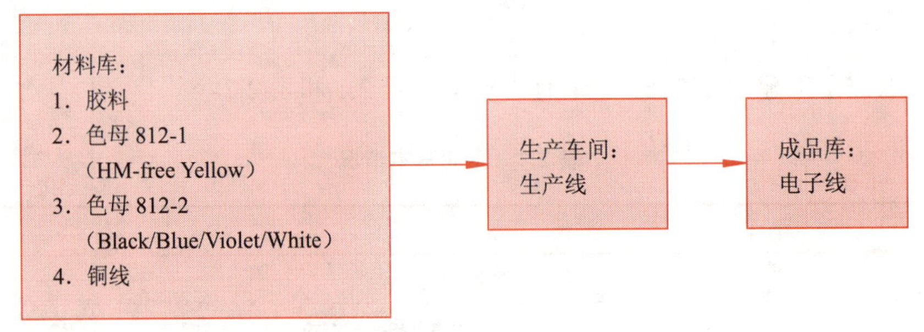

图 2.1

2. 2013 年 10 月经济业务资料

【业务 1】10 月 1 日，向河南新乡明盛胶料有限公司购进原材料胶料，材料已入库，货款暂欠，见图 2.2～图 2.4。

4100062140　**河南增值税专用发票**　No 00722628

发　票　联　　　　开票日期：2013 年 10 月 1 日

购货单位	名　　称：东莞凯歌电子厂 纳税人识别号：441900000547757 地 址、电 话：东莞市大岭山镇 0769-856287×× 开户行及账号：建行大岭山支行 4400177780805110156					密码区	（略）
货物及应税劳务名称	规格型号	单位	数量	单价	金额	税率	税额
胶料		KG	574.94	132.48	76 168.05	17%	12 948.57
合　计					￥76 168.05		￥12 948.57
价税合计（大写）	⊗捌万玖仟壹佰壹拾陆元陆角贰分						（小写）￥89 116.62
销货单位	名　　称：新乡明盛胶料有限公司 纳税人识别号：410869936128368 地 址、电 话：新乡县七里营镇 0372-52877×× 开户行及账号：农行新市区支行 428606080006709					备注	新乡明盛胶料有限公司 410869936128368 发票专用章

第二联 发票联 购货方记账凭证

收款人：杜习芬　　复核：陈丽容　　开票人：范花如　　销货单位（章）：

图 2.2

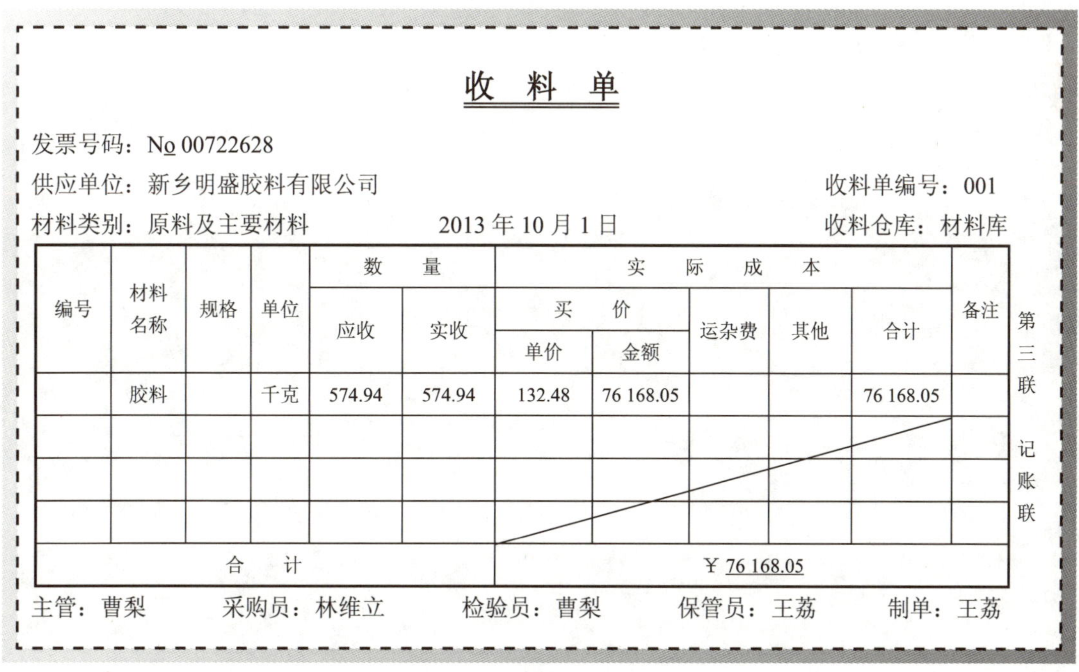

收　料　单

发票号码：No 00722628

供应单位：新乡明盛胶料有限公司　　　　收料单编号：001

材料类别：原料及主要材料　　2013 年 10 月 1 日　　收料仓库：材料库

编号	材料名称	规格	单位	数量		实际成本					备注
				应收	实收	买价		运杂费	其他	合计	
						单价	金额				
	胶料		千克	574.94	574.94	132.48	76 168.05			76 168.05	
合　计						￥76 168.05					

第三联 记账联

主管：曹梨　　采购员：林维立　　检验员：曹梨　　保管员：王荔　　制单：王荔

图 2.3

4100062140　**河南增值税专用发票**　№ 00722628

抵　扣　联　　　　开票日期：2013 年 10 月 1 日

（此联不作原始凭证，作申报捐税凭证用）

购货单位	名　　称：东莞凯歌电子厂 纳税人识别号：44190000547757 地 址、电 话：东莞市大岭山镇 0769-856287×× 开户行及账号：建行大岭山支行 4400177780805110156					密码区	（略）	
货物及应税劳务名称	规格型号	单位	数量	单价	金额	税率	税额	
胶料		千克	574.94	132.48	76 168.05	17%	12948.57	
合　计					¥ 76 168.05		¥ 12 948.57	
价税合计（大写）	⊗捌万玖仟壹佰壹拾陆元陆角贰分					（小写）¥ 89 116.62		
销货单位	名　　称：新乡明盛胶料有限公司 纳税人识别号：410869936128368 地 址、电 话：新乡县七里营镇 0372-52877×× 开户行及账号：农行新市区支行 428606080006709					备注		

收款人：杜习芬　　　复核：陈丽容　　　开票人：范花如　　　销货单位（章）：

第一联 抵扣联 购货方扣税凭证

图 2.4

【业务 2】10 月 1 日，向开户银行借入资金 50 000 元，见图 2.5 和图 2.6。

请借款人认真阅读本合同，尤其是带有 * * * 符号的条款，在确认无异议后签署本合同。

中国建设银行借款合同

（中 / 短期流动资金贷款）

穗建银 2013 年流贷字 56120304 号

借　款　人：东莞凯歌电子厂

住　　　所：东莞市大岭山镇工业区 99 号

法定代表人：欧阳辉煌

贷　款　人：建行大岭山支行

地　　　址：东莞市大岭山镇东风路 6 号

鉴于借款人向贷款人申请流动资金贷款，根据中华人民共和国有关法律、法规及其他有关规定，借款人与贷款人双方协商一致，特订立本合同。

第一条　贷　款

1.1　币种人民币。

1.2　金额（大写金额）伍万元整，借款人所欠本金的实际金额以贷款人出具的会计凭证为准。

1.3　期限：陆个月（年 / 月），自 2013 年 10 月 01 日至 2014 年 03 月 31 日。

1.4　利率：6%。

1.5　本合同项下的贷款仅限用于生产周转。借款人不得将本合同项下的贷款挪作他用。

（略）

图 2.5

中国建设银行（流动资金贷款）借款凭证（回单）③

单位编号：A288 日期：2013 年 10 月 1 日 银行编号：3868

借款人	名称	东莞凯歌电子厂	收款人	名称	东莞凯歌电子厂
	账号	4400177780805110156		账号	4400177780805110156
	开户银行	建行大岭山支行		开户银行	建行大岭山支行

借款期限（最后还款日）	2014 年 3 月 31 日	利率	6%	起息日期	2013 年 10 月 1 日

借款申请金额	人民币（大写）伍万元整		千	百	十	万	千	百	十	元	角	分
					¥	5	0	0	0	0	0	0
借款原因及用途	生产周转	银行核定金额	千	百	十	万	千	百	十	元	角	分
					¥	5	0	0	0	0	0	0

期限	计划还款日期	√	计划还款金额	分次还款记录	期次	还款日期	还款金额	结欠
1	2014 年 3 月 31 日		50 000.00					
2								
3								
4								

备注：

中国建设银行股份有限公司 东莞大岭山支行 2014.10.01 办讫章 (11)

上述借款业已同意贷给并转入你单位往来账户，借款到期时应按期归还。

此致

借款单位

（银行盖章）2013 年 10 月 1 日

此联转账后退还借款单位

图 2.6

【业务 3】10 月 2 日，购进色母料，材料已入库，货款通过银行电汇支付，以现金支付开户银行电子汇划费，见图 2.7～图 2.11。

中国建设银行电汇凭证（回单） 1 XV04611238

□普通 □加急 委托日期 2013 年 10 月 2 日

汇款人	全称	东莞凯歌电子厂	收款人	全称	上海灿烂色料贸易有限公司
	账号	4400177780805110156		账号	044201808051102688
	汇出地点	广东 省 东莞 市/县		汇入地点	省 上海 市/县
汇出行名称		建行大岭山支行	汇入行名称		中行上海市闵行支行

金额	人民币（大写）贰万玖仟玖佰壹拾玖元玖角玖分	亿	千	百	十	万	千	百	十	元	角	分
					¥	2	9	9	1	9	9	9

中国建设银行股份有限公司 东莞大岭山支行 2013.10.02 票据受理专用章 （收妥抵用）(2)

支付密码

附加信息及用途：

支付货款

汇出行签章 复核 记账

此联汇出行给汇款人的回单

图 2.7

3100063140　**上海增值税专用发票**　№ 01597729

发　票　联　　开票日期：2013 年 10 月 2 日

购货单位	名　　称：东莞凯歌电子厂 纳税人识别号：44190000547757 地 址、电 话：东莞市大岭山镇 0769-856287×× 开户行及账号：建行大岭山支行 4400177780805110156				密码区	（略）	
货物及应税劳务名称	规格型号	单位	数量	单价	金额	税率	税额
色母 812-1		千克	16.00	547.01	8 752.16	17%	1 487.87
色母 812-2		千克	32.00	525.64	16 820.48		2 859.48
合　计					￥25 572.64		￥4 347.35
价税合计（大写）	⊗贰万玖仟玖佰壹拾玖元玖角玖分					（小写）	￥29 919.99
销货单位	名　　称：上海灿烂色料贸易有限公司 纳税人识别号：310010471247632 地 址、电 话：上海市外高桥 021-576286×× 开户行及账号：中行上海市闵行支行 044201808051102688				备注		

第二联　发票联　购货方记账凭证

收款人：黄顺　　复核：张萍乡　　开票人：余晓红　　销货单位（章）：

图 2.8

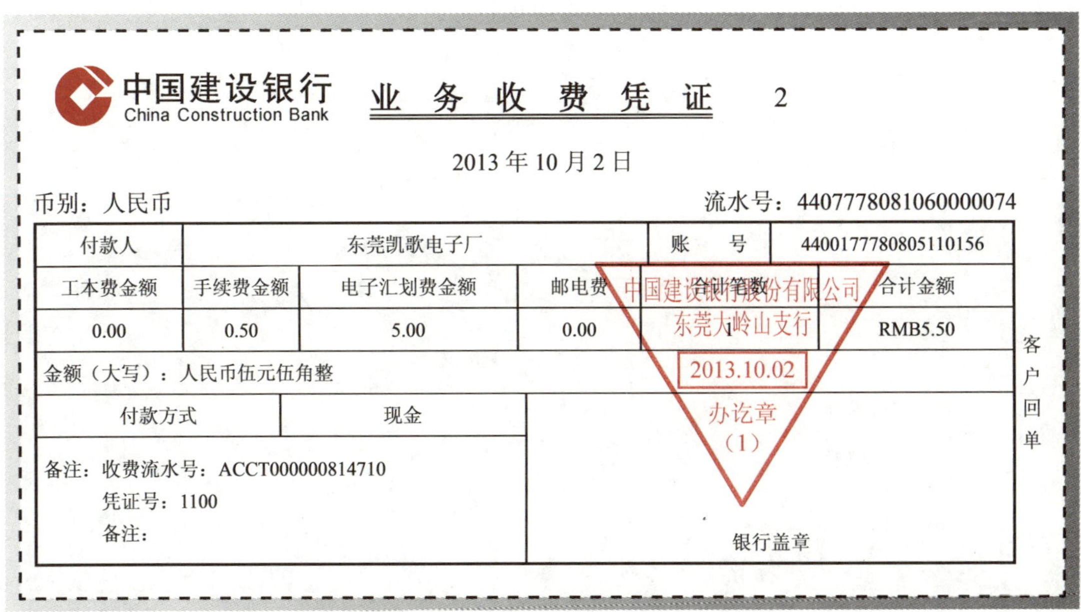

中国建设银行 China Construction Bank　**业　务　收　费　凭　证**　2

2013 年 10 月 2 日

币别：人民币　　流水号：4407778081060000074

付款人	东莞凯歌电子厂			账　号	4400177780805110156	
工本费金额	手续费金额	电子汇划费金额	邮电费	合计笔数		合计金额
0.00	0.50	5.00	0.00	1		RMB5.50
金额（大写）：人民币伍元伍角整						
付款方式	现金					
备注：收费流水号：ACCT000000814710 凭证号：1100 备注：			银行盖章			

客户回单

图 2.9

3100063140 **上海增值税专用发票** No 01597729

抵 扣 联 开票日期：2013 年 10 月 2 日

（此联不作原始凭证，作申报扣税凭证用）

<table>
<tr><td rowspan="4">购货单位</td><td colspan="4">名 称：东莞凯歌电子厂</td><td rowspan="4">密码区</td><td colspan="3" rowspan="4">（略）</td><td rowspan="7">第一联 抵扣联 购货方扣税凭证</td></tr>
<tr><td colspan="4">纳税人识别号：441900000547757</td></tr>
<tr><td colspan="4">地 址、电 话：东莞市大岭山镇 0769-856287××</td></tr>
<tr><td colspan="4">开户行及账号：建行大岭山支行 4400177780805110156</td></tr>
<tr><td colspan="2">货物及应税劳务名称</td><td>规格型号</td><td>单位</td><td>数量</td><td>单价</td><td>金额</td><td>税率</td><td>税额</td></tr>
<tr><td colspan="2">色母 812-1
色母 812-2

合 计</td><td></td><td>千克
千克</td><td>16.00
32.00</td><td>547.01
525.64</td><td>8 752.16
16 820.48

¥ 25 572.64</td><td>17%</td><td>1 487.87
2 859.48

¥ 4 347.35</td></tr>
<tr><td colspan="2">价税合计（大写）</td><td colspan="7">⊗贰万玖仟玖佰壹拾玖元玖角玖分 （小写）¥ 29 919.99</td></tr>
<tr><td rowspan="4">销货单位</td><td colspan="4">名 称：上海灿烂色料贸易有限公司</td><td rowspan="4">备注</td><td colspan="3" rowspan="4">上海灿烂色料贸易有限公司 310010471247632 发票专用章</td><td></td></tr>
<tr><td colspan="4">纳税人识别号：310010471247632</td><td></td></tr>
<tr><td colspan="4">地 址、电 话：上海市外高桥 021-576286××</td><td></td></tr>
<tr><td colspan="4">开户行及账号：中行上海市闵行支行 044201808051102688</td><td></td></tr>
</table>

收款人：黄顺 复核：张萍乡 开票人：余晓红 销货单位（章）：

图 2.10

收 料 单

发票号码：No 01597729

供应单位：上海灿烂色料贸易有限公司 收料单编号：002

材料类别：原料及主要材料 2013 年 10 月 2 日 收料仓库：材料库

编号	材料名称	规格	单位	数量		实际成本					备注
				应收	实收	买价		运杂费	其他	合计	
						单价	金额				
	色母 812-1		千克	16	16	547.01	8 752.16			8 752.16	
	色母 812-2		千克	32	32	525.64	16 820.48			16 820.48	
合 计						¥25 572.64					

第三联 记账联

主管：曹梨 采购员：林维立 检验员：曹梨 保管员：王荔 制单：王荔

图 2.11

【业务 4】10 月 3 日，生产领用色母料、胶料，见图 2.12 和图 2.13。

领　料　单

____字第____________号

领料部门 生产车间______　　　　NO. 0017111

生产通知单号别________　　　2013 年 10 月 3 日

制品名称：电子线				制造数量：308			领料用途：生产产品									
编号	品名	规格	单位	请领数量	实发数量	单价	金额								
							百	十	万	千	百	十	元	角	分
	色母 812-1		千克	20.50	20.50	547.01			1	1	2	1	3	7	1
	色母 812-2		千克	35.50	35.50	525.64			1	8	6	6	0	2	2
附件：				张	合　计			¥	2	9	8	7	3	9	3

第二联　财务

主管：曹梨　　会计：陈芳香　　记账：　　发料：王荔　　领料：许诺　　制单：江淮

图 2.12

领　料　单

____字第____________号

领料部门 生产车间______　　　　NO. 0017112

生产通知单号别________　　　2013 年 10 月 3 日

制品名称：电子线				制造数量：308			领料用途：生产产品								
编号	品名	规格	单位	请领数量	实发数量	单价	金额								
							百	十	万	千	百	十	元	角	分
	胶料		千克	385	385	132.48			5	1	0	0	4	8	0
附件：				张	合　计			¥	5	1	0	0	4	8	0

第二联　财务

主管：曹梨　　会计：陈芳香　　记账：　　发料：王荔　　领料：许诺　　制单：江淮

图 2.13

【业务 5】10 月 5 日，销售产品，收到银行承兑汇票一张（以银行承兑汇票复印件作原始凭证，但复印件上需注明与原件相符，有关人员签名确认），见图 2.14 ～图 2.17。

4400062140　**广东增值税专用发票**　No 04543281

（此联不作报销、扣税凭证使用）　开票日期：2013 年 10 月 5 日

购货单位	名称：深圳丽的电子有限公司 纳税人识别号：44280069933893 地址、电话：深圳市福田区 0755-557788×× 开户行及账号：中行福田支行 09036778092601				密码区	（略）		
货物及应税劳务名称	规格型号	单位	数量	单价	金额	税率	税额	
电子线	800mm	轴	110.00	745.00	81 950.00	17%	13 931.50	
合计					￥81 950.00		￥13 931.50	
价税合计（大写）	⊗玖万伍仟捌佰捌拾壹元伍角整					（小写）￥95 881.50		
销货单位	名称：东莞凯歌电子厂 纳税人识别号：44190000547757 地址、电话：东莞市大岭山镇 0769-856287×× 开户行及账号：建行大岭山支行 4400177780805110156				备注	东莞凯歌电子厂 44190000547757 发票专用章		

收款人：梁冬娴　　复核：张彬　　开票人：陈芳香　　销货单位（章）：

第三联　记账联　销货方记账凭证

图 2.14

银行承兑汇票　2 DB/01 00342309

出票日期（大写）　贰零壹叁年零壹拾月零伍日

出票人全称	深圳丽的电子有限公司	收款人	全称	东莞凯歌电子厂
出票人账号	09036778092601		账号	4400177780805110156
付款行全称	中国银行福田支行		开户银行	建设银行大岭山支行
出票金额	人民币（大写）玖万伍仟捌佰捌拾壹元伍角整		亿 千 百 十 万 千 百 十 元 角 分	￥ 9 5 8 8 1 5 0
汇票到期日（大写）	贰零壹肆年零叁月零伍日	付款行	行号	91182
承兑协议编号	GCD81163075098618		地址	深圳市华强路
本汇票请你行承兑，到期无条件付款。 深圳丽的电子有限公司财务专用章　黄伟业　邝新兵 出票人签章		本汇票已经承兑，到期日由本行付款。 承兑行签章 承兑日期　年　月　日 中国银行 汇票专用章 47808 (00)		
		备注：		复核　记账

此联收款人开户行随托收凭证寄付款行作借方凭证附件

图 2.15

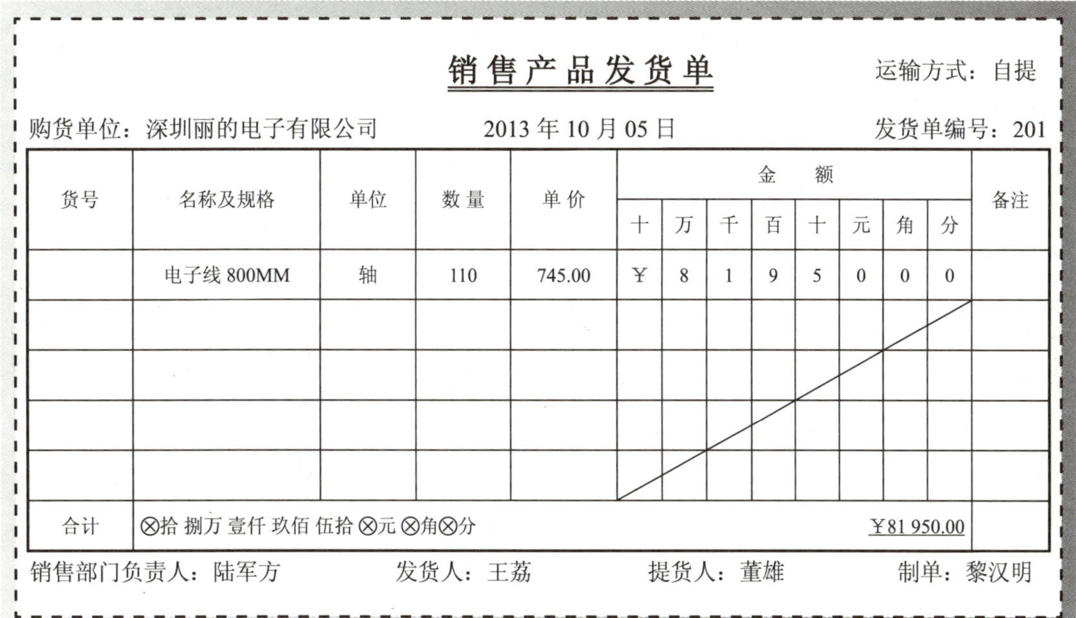

销售产品发货单

运输方式：自提

购货单位：深圳丽的电子有限公司　　2013 年 10 月 05 日　　发货单编号：201

货号	名称及规格	单位	数量	单价	金额								备注
					十	万	千	百	十	元	角	分	
	电子线 800MM	轴	110	745.00	¥	8	1	9	5	0	0	0	
合计	⊗拾 捌万 壹仟 玖佰 伍拾 ⊗元 ⊗角⊗分									¥81 950.00			

销售部门负责人：陆军方　　发货人：王荔　　提货人：董雄　　制单：黎汉明

图 2.16

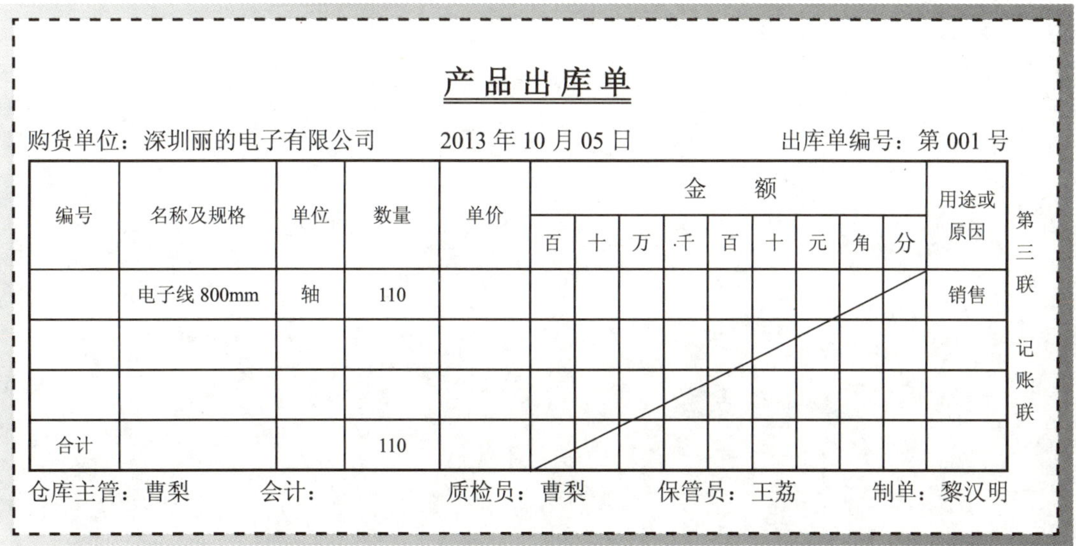

产品出库单

购货单位：深圳丽的电子有限公司　　2013 年 10 月 05 日　　出库单编号：第 001 号

编号	名称及规格	单位	数量	单价	金额									用途或原因
					百	十	万	千	百	十	元	角	分	
	电子线 800mm	轴	110											销售
合计			110											

第三联　记账联

仓库主管：曹梨　　会计：　　质检员：曹梨　　保管员：王荔　　制单：黎汉明

图 2.17

【业务 6】10 月 6 日，管理部门用现金购买办公用品一批，见图 2.18 和图 2.19。

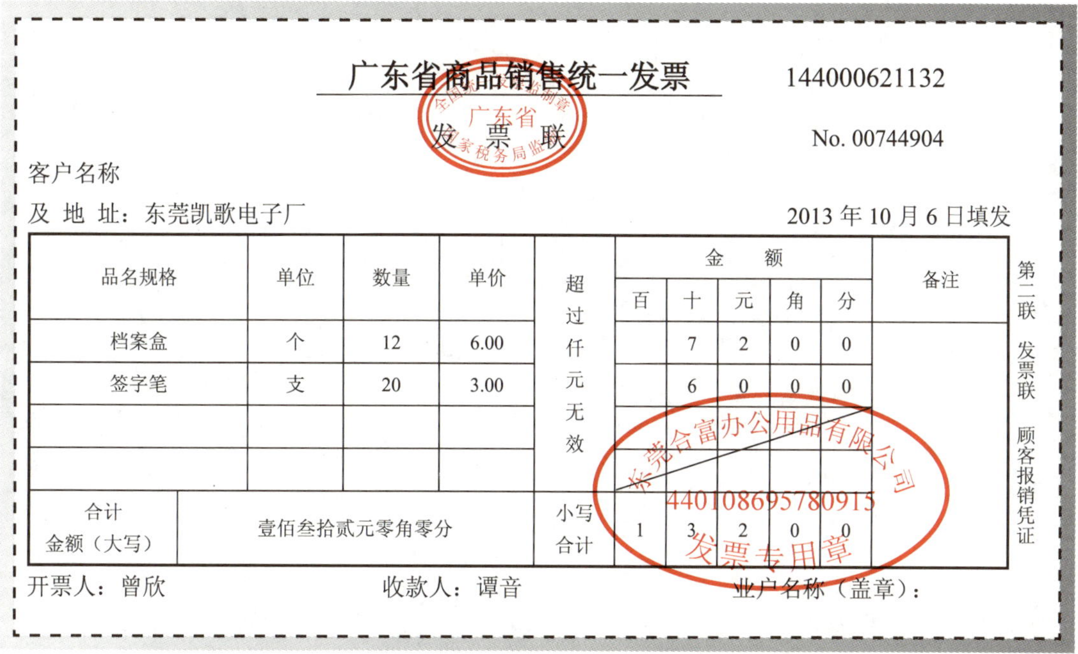

广东省商品销售统一发票　　144000621132

发　票　联　　No. 00744904

客户名称
及 地 址：东莞凯歌电子厂　　2013 年 10 月 6 日填发

品名规格	单位	数量	单价	超过仟元无效	金额 百	十	元	角	分	备注
档案盒	个	12	6.00			7	2	0	0	
签字笔	支	20	3.00			6	0	0	0	
合计金额（大写）	壹佰叁拾贰元零角零分			小写合计	1	3	2	0	0	

开票人：曾欣　　收款人：谭音　　业户名称（盖章）：

第二联　发票联　顾客报销凭证

图 2.18

现金支出凭单　　第　　号

附件 1 张　　2013 年 10 月 6 日

对方科目编号	

用款事项：购买档案盒、签字笔

人民币（大写）：壹佰叁拾贰元整　　￥132.00

现金付讫

收款人（签章）	林维立	主管人员（签章）	张　彬	会计人员（签章）	陈芳香	出纳员付　讫（签章）	梁冬娴

图 2.19

【业务 7】10 月 8 日，向日月电子配件有限公司购进铜线，材料已入库，签发一式三联商业承兑汇票，交第二联给销货方作为到期收取票款的依据，见图 2.20～图 2.23。

4400062140　**广东增值税专用发票**　No 06991121

发　票　联　　　　开票日期：2013 年 10 月 8 日

购货单位	名　　称：东莞凯歌电子厂 纳税人识别号：44190000547757 地 址、电 话：东莞市大岭山镇 0769-856287×× 开户行及账号：建行大岭山支行 4400177780805110156				密码区	（略）	
货物及应税劳务名称	规格型号	单位	数量	单价	金额	税率	税额
铜线		千克	1 050.89	102.56	107 779.27	17%	18 322.48
合　计					￥107 779.27		￥18 322.48
价税合计（大写）	⊗壹拾贰万陆仟壹佰零壹元柒角伍分				（小写）￥126 101.75		
销货单位	名　　称：东莞日月电子配件有限公司 纳税人识别号：44190000547797 地 址、电 话：东莞市长安镇 0769-856287×× 开户行及账号：建行长安支行 4400177780805110198				备注		

收款人：陈伟　　复核：余斌　　开票人：麦田　　销货单位（章）：

第二联　发票联　购货方记账凭证

图 2.20

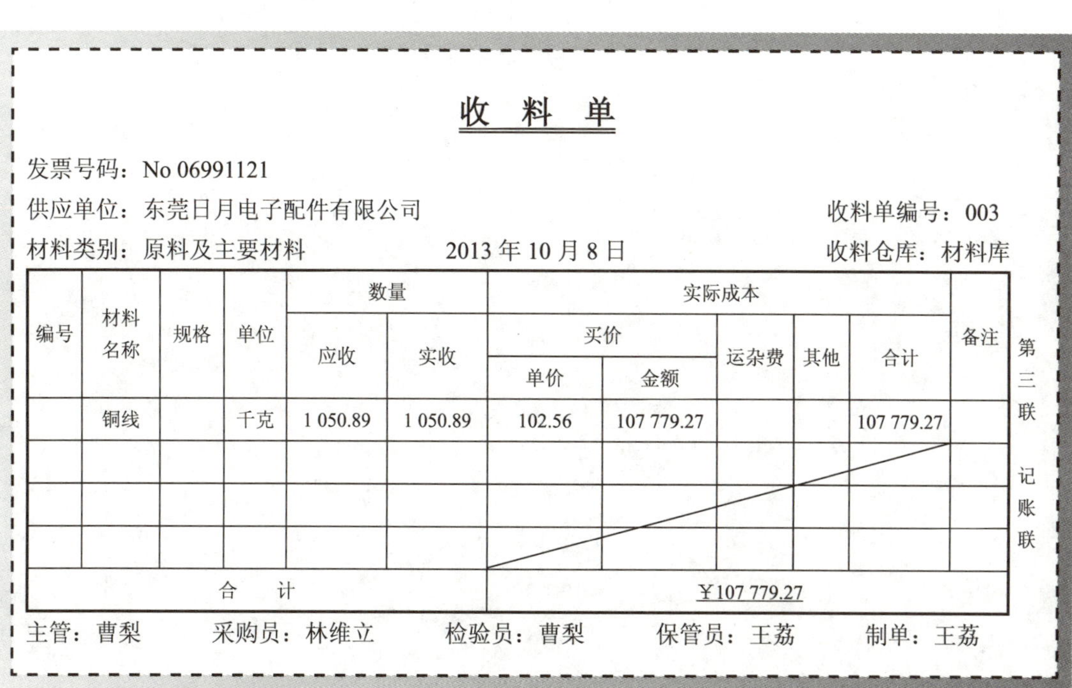

收　料　单

发票号码：No 06991121

供应单位：东莞日月电子配件有限公司　　　　收料单编号：003

材料类别：原料及主要材料　　2013 年 10 月 8 日　　收料仓库：材料库

编号	材料名称	规格	单位	数量		实际成本					备注
				应收	实收	买价		运杂费	其他	合计	
						单价	金额				
	铜线		千克	1 050.89	1 050.89	102.56	107 779.27			107 779.27	
合　计						￥107 779.27					

主管：曹梨　　采购员：林维立　　检验员：曹梨　　保管员：王荔　　制单：王荔

第三联　记账联

图 2.21

商业承兑汇票（卡片）　1　$\frac{D\ B}{0\ 1}$ 00688628

出票日期（大写）　贰零壹叁年零壹拾月零捌日

出票人全称	东莞凯歌电子厂	收款人	全　称	东莞日月电子配件有限公司
出票人账号	4400177780805110156		账　号	4400177780805110198
付款行全称	建行大岭山支行		开户银行	建行长安支行
出票金额	人民币（大写）壹拾贰万陆仟壹佰零壹元柒角伍分		亿 千 百 十 万 千 百 十 元 角 分	￥ 1 2 6 1 0 1 7 5
汇票到期日（大写）	贰零壹肆年零叁月零捌日	付款人开户行	行号	891892
交易合同号码	2356898767899		地址	东莞大岭山
东莞凯歌电子厂财务专用章　欧阳辉煌　梁冬娴 出票人签章			备注：	

此联承兑人留存

图 2.22

4400062140　广东增值税专用发票　No 06991121

抵扣联　　开票日期：2013 年 10 月 8 日

（此联不作原始凭证，作申报扣税凭证用）

购货单位	名　　称：东莞凯歌电子厂 纳税人识别号：44190000547757 地 址、电 话：东莞市大岭山镇 0769-856287×× 开户行及账号：建行大岭山支行 4400177780805110156				密码区	（略）	
货物及应税劳务名称	规格型号	单位	数量	单价	金额	税率	税额
铜线		千克	1050.89	102.56	107 779.27	17%	18 322.48
合　计					￥107 779.27		￥18 322.48
价税合计（大写）	⊗壹拾贰万陆仟壹佰零壹元柒角伍分					（小写）	￥126 101.75
销货单位	名　　称：东莞日月电子配件有限公司 纳税人识别号：44190000547797 地 址、电 话：东莞市长安镇 0769-856287×× 开户行及账号：建行长安支行 4400177780805110198				备注	东莞日月电子配件有限公司 44190000547797 发票专用章	

收款人：陈伟　　复核：余斌　　开票人：麦田　　销货单位（章）：

第一联 抵扣联 购货方扣税凭证

图 2.23

【业务 8】10 月 8 日，销售产品，收到转账支票一张并送银行进账，见图 2.24 ～图 2.29。

4400062140　**广东增值税专用发票**　No 04543282

（此联不作报销、扣税凭证使用）　开票日期：2013 年 10 月 08 日

购货单位	名　　称：东莞光明机电设备有限公司 纳税人识别号：44190000932213 地 址、电 话：东莞樟木头 0769-552325×× 开户行及账号：建行樟木头支行 44001777808032965 75				密码区	（略）	
货物及应税劳务名称	规格型号	单位	数量	单价	金额	税率	税额
电子线	800MM	轴	30.00	730.00	21 900.00	17%	3 723.00
合　计					￥21 900.00		￥3 723.00
价税合计（大写）	⊗贰万伍仟陆佰贰拾叁元整				（小写）￥25 623.00		
销货单位	名　　称：东莞凯歌电子厂 纳税人识别号：44190000547757 地 址、电 话：东莞市大岭山镇 0769-856287×× 开户行及账号：建行大岭山支行 44001777808051101 56				备注	东莞凯歌电子厂 44190000547757 发票专用章	

收款人：梁冬娴　　复核：张彬　　开票人：陈芳香　　销货单位（章）：

第三联　记账联　销货方记账凭证

图 2.24

销售产品发货单　　运输方式：自提

购货单位：东莞光明机电设备有限公司　　2013 年 10 月 08 日　　发货单编号：202

货号	名称及规格	单位	数量	单价	金额								备注
					十	万	千	百	十	元	角	分	
	电子线 800MM	轴	30	730.00	￥	2	1	9	0	0	0	0	
合　计	⊗拾贰万壹仟玖佰⊗拾⊗元⊗角⊗分				￥21 900.00								

销售部门负责人：陆军方　　发货人：王荔　　提货人：李育　　制单：黎汉明

图 2.25

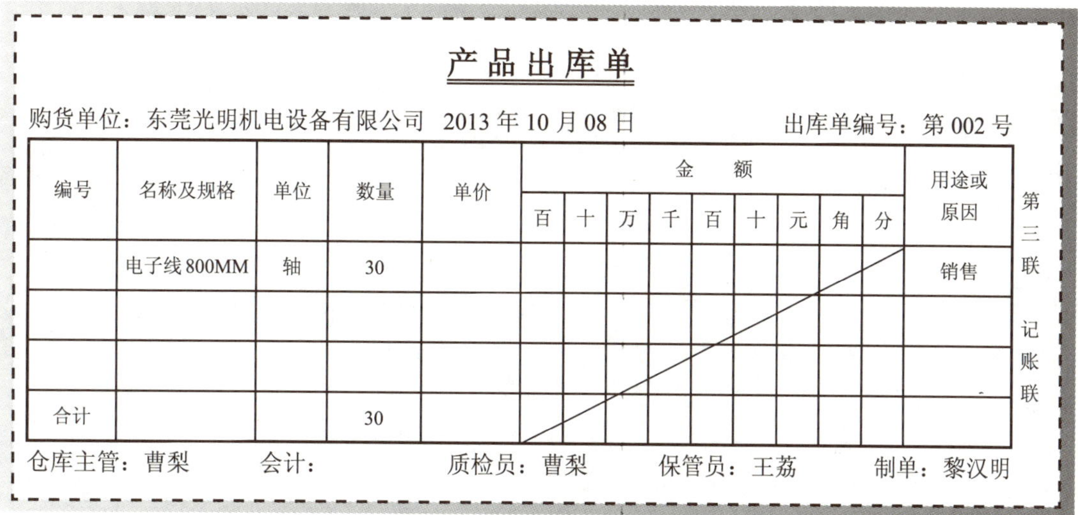

产品出库单

购货单位：东莞光明机电设备有限公司　2013 年 10 月 08 日　　出库单编号：第 002 号

编号	名称及规格	单位	数量	单价	金额									用途或原因
					百	十	万	千	百	十	元	角	分	
	电子线 800MM	轴	30											销售
合计			30											

第三联　记账联

仓库主管：曹梨　会计：　质检员：曹梨　保管员：王荔　制单：黎汉明

图 2.26

中国建设银行　支票（粤）　$\frac{E}{0}\frac{G}{2}$ 01470288

（此联不作原始凭证）

本支票付款期限十天

出票日期（大写）贰零壹叁年零壹拾月零捌日　　付款行名称：建行樟木头支行

收款人：东莞凯歌电子厂　　出票人账号：44001777808032965 75

人民币（大写）	贰万伍仟陆佰贰拾叁元整	亿	千	百	十	万	千	百	十	元	角	分
					¥	2	5	6	2	3	0	0

用途 货款

上列款项请从我账户内支付

出票人签章　东莞光明机电设备有限公司财务专用章　陈淑蓝　曾冬天

复核　记账

图 2.27

银行进账单

2013年10月08日

出票人	全　　称	东莞光明机电设备有限公司										
	账　　号	4400177780803296575										
	开户银行	建行樟木头支行										
金额	人民币	亿	千	百	十	万	千	百	十	元	角	分
	（小写）				¥	2	5	6	2	3	0	0
收款人	全　　称	东莞凯歌电子厂										
	账　　号	4400177780805110156										
	开户银行	建行大岭山支行										
票据种类		转账支票	票据张数	1								
票据号码		01470288										
备注：货款												

复核　　　　记账

银行进账单（回单）　　1　　XV 20773796

2013年10月08日

出票人	全　　称	东莞光明机电设备有限公司	收款人	全　　称	东莞凯歌电子厂										
	账　　号	4400177780803296575		账　　号	4400177780805111056										
	开户银行	建行樟木头支行		开户银行	建行大岭山支行										
金额	人民币（大写）	贰万伍仟陆佰贰拾叁元整		亿	千	百	十	万	千	百	十	元	角	分	
							¥	2	5	6	2	3	0	0	
票据种类	转账支票	票据张数	1												
票据号码		01470288													
	复核	记账													

（印章：中国建设银行股份有限公司 东莞大岭山支行 2013.10.08 票据受理专用章（收妥抵用）（1））

此联是开户银行交给持（出）票人的回单

图 2.28

银行进账单（收账通知）　　3

2013年10月08日

出票人	全　　称	东莞光明机电设备有限公司										
	账　　号	4400177780803296575										
	开户银行	建行樟木头支行										
金额	人民币	亿	千	百	十	万	千	百	十	元	角	分
	（小写）				¥	2	5	6	2	3	0	0
收款人	全　　称	东莞凯歌电子厂										
	账　　号	4400177780805110156										
	开户银行	建行大岭山支行										
票据种类		转账支票	票据张数	1								
票据号码		01470288										
收款人开户银行签章												

（印章：中国建行股份有限公司 东莞大岭山支行 2013.10.10 票据受理专用章（收妥抵用）（1））

复核　　　　记账

此联是收款人开户银行交给收款人的收账通知

图 2.29

【业务 9】10 月 10 日，开出支票，从银行提取现金 26 858 元，备发工资，见图 2.30。

中国建设银行支票存根（粤）

$\frac{E}{0}\frac{G}{2}$ 01479655

附加信息

出票日期 2013 年 10 月 10 日

收款人：东莞凯歌电子厂

金　额：￥26 858.00

用　途：发放工资

单位主管　张彬　会计　陈芳香

中国建设银行　支票（粤）　$\frac{E}{0}\frac{G}{2}$ 01479655

本支票付款期限十天

出票日期（大写）贰零壹叁年零壹拾月零壹拾日　付款行名称：建行大岭山支行

收款人：东莞凯歌电子厂　出票人账号：4400177780805110156

人民币（大写）	亿	千	百	十	万	千	百	十	元	角	分
贰万陆仟捌佰伍拾捌元整				￥	2	6	8	5	8	0	0

用途　发放工资

上列款项请从

我账户内支付

出票人签章　东莞凯歌电子厂财务专用章　欧阳辉煌　梁冬娴

复核　记账

图 2.30

【业务 10】10 月 10 日，以现金支付职工 9 月工资，见图 2.31 ～图 2.33。

现 金 支 出 凭 单　　第　　号

附件 2 张　　2013 年 10 月 10 日　　对方科目编号

用款事项：发放职工 9 月工资

现金付讫

人民币（大写）：贰万陆仟捌佰伍拾捌元整　￥26 858.00

收款人（签章）	主管人员（签章）	张彬 欧阳辉煌	会计人员（签章）	陈芳香	出纳员 付讫（签章）	梁冬娴

图 2.31

2013年9月工资结算汇总表

2013年10月10日

部门名称		基本工资	各类补贴及奖金	应交职工薪酬	代扣款项	实发工资
生产车间	生产工人	4 620	1 238	5 858	—	5 858
	车间管理人员	2 700	300	3 000	—	3 000
	小　　计	7 320	1 538	8 858	—	8 858
销售部门		2 100	1 000	3 100	—	3 100
管理部门		13 550	1 350	14 900	—	14 900
合　计		22 970	3 888	26 858	—	26 858

单位主管：欧阳辉煌　　审核：张彬　　制表：陈芳香

图 2.32

2013年9月员工工资发放表

2013年10月10日

部　门		姓　名	基本工资	各类补贴及奖金	应交职工薪酬	代扣款项	实发工资	签　名
管理部门	企划部	欧阳辉煌	2 700	300	3 000	—	3 000	欧阳辉煌
		李骏金	2 300	200	2 500	—	2 500	李骏金
	财务部	张彬	1 450	150	1 600	—	1 600	张彬
		陈芳香	1 150	100	1 250	—	1 250	陈芳香
		梁冬娴	950	100	1 050	—	1 050	梁冬娴
	采购部	黄桐桐	1 200	100	1 300	—	1 300	黄桐桐
		林维立	900	100	1 000	—	1 000	林维立
	仓储部	曹梨	1 200	100	1 300	—	1 300	曹梨
		王荔	850	100	950	—	950	王荔
	设备部	戴雅	850	100	950	—	950	戴雅
销售部		陆军方	1 200	600	1 800	—	1 800	陆军方
		黎汉明	900	400	1 300	—	1 300	黎汉明
生产车间	车间管理人员	江淮	1 800	200	2 000	—	2 000	江淮
		许诺	900	100	1 000	—	1 000	许诺
	生产工人	蔡羽等	4 620	1 238	5 858	—	5 858	蔡羽代领
合　计			22 970	3 888	26 858	—	26 858	
本月合计实发工资（人民币）：贰万陆仟捌佰伍拾捌元整								

单位主管：欧阳辉煌　　审核：张彬　　制表：陈芳香

图 2.33

【业务 11】10 月 11 日，销售产品，商品已发出，并以现金支付发运商品运费，货款未收（由企业负担的运费，根据运输部门的发票金额，按 7% 计算增值税进项税额入账），见图 2.34 ～图 2.39。

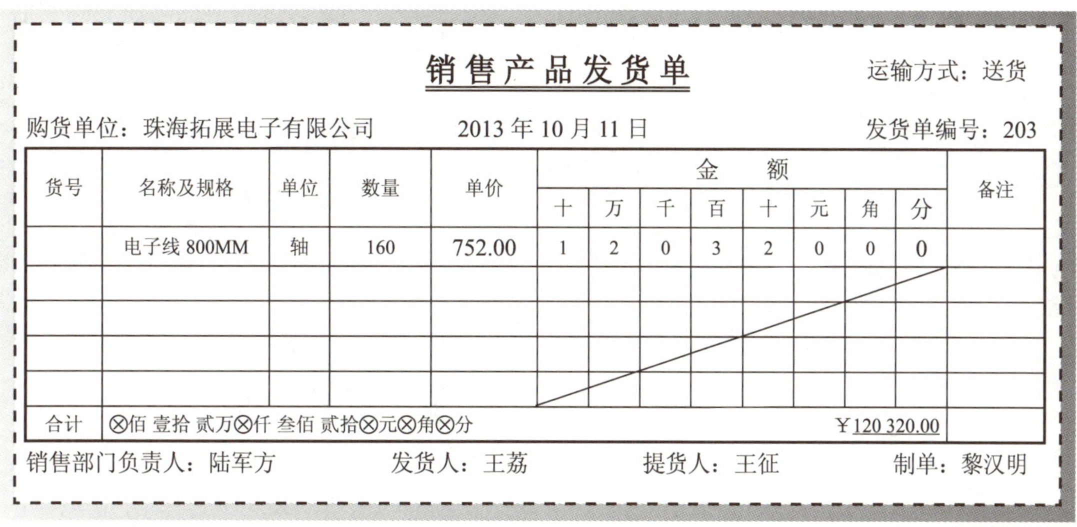

销售产品发货单

运输方式：送货

购货单位：珠海拓展电子有限公司　　2013 年 10 月 11 日　　发货单编号：203

货号	名称及规格	单位	数量	单价	金额								备注
					十	万	千	百	十	元	角	分	
	电子线 800MM	轴	160	752.00	1	2	0	3	2	0	0	0	
合计	⊗佰 壹拾 贰万⊗仟 叁佰 贰拾⊗元⊗角⊗分　¥120 320.00												

销售部门负责人：陆军方　　发货人：王荔　　提货人：王征　　制单：黎汉明

图 2.34

4400062140　**广东增值税专用发票**　No 04543283

（此联不作报销、扣税凭证使用）　开票日期：2013 年 10 月 11 日

购货单位	名称：珠海拓展电子有限公司 纳税人识别号：44192356938975 地址、电话：珠海前山 0756-382432×× 开户行及账号：中国银行珠海前山支行 818678370609008005					密码区	（略）	
货物及应税劳务名称	规格型号	单位	数量	单价	金额		税率	税额
电子线	800MM	轴	160.00	752.00	120 320.00		17%	20 454.40
合计					¥120 320.00			¥20 454.40
价税合计（大写）	⊗壹拾肆万零柒佰柒拾肆元肆角整						（小写）¥140 774.40	
销货单位	名称：东莞凯歌电子厂 纳税人识别号：44190000547757 地址、电话：东莞市大岭山镇 0769-856287×× 开户行及账号：建行大岭山支行 4400177780805110156					备注	东莞凯歌电子厂 44190000547757 发票专用章	

第三联 记账联 销货方记账凭证

收款人：梁冬娴　　复核：张彬　　开票人：陈芳香　　销货单位（章）：

图 2.35

4400051026 **货物运输业增值税专用发票** No 01446518

广东 国家税务总局监制

发 票 联

44000512026

01446518

开票日期：2013 年 5 月 11 日

承运人及纳税人识别号	广州速达运输有限公司 44190026387939×	密码区	0772>70/7*13*47>9*4+716881074/5427 4/7378/*3/90+93>-6604/+624-69476280 2230*27/2*202/759-9+522+>-4>3-*55/ 095590>1/*><-9/-9/<0160>*5>98+171342
实际受票方及纳税人识别号	东莞凯哥电子厂 441900005477×		
收货人及纳税人识别号	珠海拓展电子有限公司 4419235693897×	发货人及纳税人识别号	东莞凯哥电子厂 441900005477×
起运地、经由、到达地	东莞到全国		
费用项目及金额	费用项目：公路运输 金额：950.00 费用项目 金额	运输货物信息	
合计金额	￥950.00 税率 11% 税额 ￥104.50	机器编号	998800040293
价税合计（大写）	⊗壹仟零伍拾肆元伍角整	（小写）	￥1 054.50
车种车号		车船吨位	
主管税务机关及代码		备注	广州速达运输有限公司 440102340240349 发票专用章

收款人：陈纯甄 复核人：陈纯甄 开票人：张梅 承运人（章）：

第三联 发票联 受票方记账凭证

图 2.36

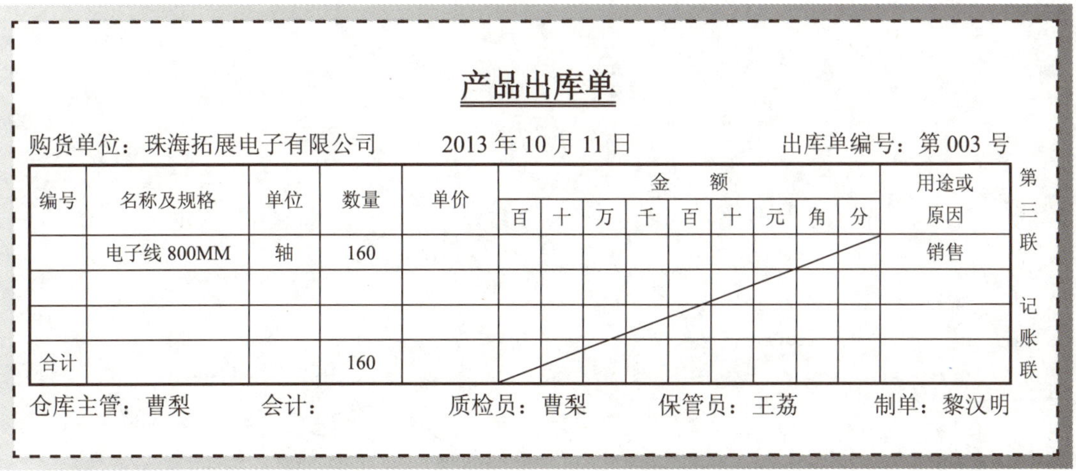

产品出库单

购货单位：珠海拓展电子有限公司　　2013 年 10 月 11 日　　出库单编号：第 003 号

编号	名称及规格	单位	数量	单价	金额 百	十	万	千	百	十	元	角	分	用途或原因
	电子线 800MM	轴	160											销售
合计			160											

仓库主管：曹梨　会计：　质检员：曹梨　保管员：王荔　制单：黎汉明

第三联 记账联

图 2.37

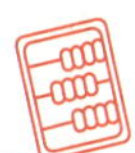

4400124730 **货物运输业增值税专用发票** No 02695779

4400124730 发 票 联 开票日期：2013 年 5 月 11 日

02695779 （此联不作原始凭证，作申报扣税凭证用）

（全国统一发票监制章 广东 国家税务总局监制）

承运人及 纳税人识别号	广州速达运输有限公司 44190026387939×	密码区	0277>70/7*13*47>9*4+716881074/5742 4/7738/*3/90+93>-0466/+624-69452628 2230*27/2*202/759-9+522+>-4>3-*55/ 095590>1/*><-9/-9/<0160>*5>98+713490	
实际受票方及 纳税人识别号	东莞凯哥电子厂 441900005477×			
收款人及 纳税人识别号	珠海拓展电子有限公司 4419235693897×	发货人及 纳税人识别号	东莞凯哥电子厂 441900005477×	
起运地、经由、到达地	东莞到全国			
费用项目及金额	费用项目 金额 费用项目 金额 公路运输 950.00	运输货物信息		

合计金额	￥950.00	税率	11%	税额	￥104.50	机器编号	998800040293
价税合计（大写）	⊗壹仟零伍拾肆元伍角整					（小写）	￥1 054.50
车种车号		车船吨位		备注	广州速达运输有限公司 440102340240349 发票专用章		
主管税务机关及代码							

第二联 抵扣联 受票方扣税凭证

收款人：陈纯甄 复核人：陈纯甄 开票人：张梅 承运人（章）：

图 2.38

现 金 支 出 凭 单 第 号

附件 1 张 2013 年 10 月 11 日

对方科目编号	

用款事项：发货到珠海费用

人民币（大写）：玖佰伍拾元整 现金付讫 ￥950.00

收款人	主管人员		会计人员		出纳员
（签章）	（签章）	张 彬 欧阳辉煌（签章）		陈芳香	付 讫 梁冬娴 （签章）

图 2.39

【业务 12】10 月 12 日，生产领用铜线，见图 2.40。

领 料 单

____字第__________号

领料部门 生产车间　　　　NO. 0017113

生产通知单号别______　　　　2013 年 10 月 12 日

制品名称：电子线			制造数量：308				领料用途：生产产品									
编号	品 名	规格	单位	请领数量	实发数量	单价	金额									第二联 财务
							百	十	万	千	百	十	元	角	分	
	铜线		千克	738.91	738.91	102.56			7	5	7	8	2	6	1	
附件：				张	合 计			¥	7	5	7	8	2	6	1	

主管：曹梨　会计：陈芳香　记账：　发料：王荔　领料：许诺　制单：江淮

图 2.40

【业务 13】10 月 15 日，以银行存款支付 9 月电费，见图 2.41 ～图 2.43。

4400062140　**广东增值税专用发票**　No 06998896

发 票 联　　开票日期：2013 年 10 月 15 日

购货单位	名　称：东莞凯歌电子厂 纳税人识别号：44190000547757 地 址、电 话：东莞市大岭山镇 0769-856287×× 开户行及账号：建行大岭山支行 4400177780805110156				密码区	（略）		第二联 发票联 购货方记账凭证
货物及应税劳务名称	规格型号	单位	数量	单价	金额	税率	税额	
电费		度	2730	1.00	2 730.00	17%	464.10	
合　计					¥2 730.00		¥464.10	
价税合计（大写）	⊗叁仟壹佰玖拾肆元壹角整					（小写）¥3 194.10		
销货单位	名　称：广东电网公司东莞供电局 纳税人识别号：440106938182588 地 址、电 话：东莞市大岭山镇 0769-898763×× 开户行及账号：工行大岭山支行 3606587235697685213				备注	电字号：B66789008		

收款人：洪珊　复核：何惠　开票人：吴海　销货单位（章）：

图 2.41

4400062140　**广东增值税专用发票**　No 06998896

抵　扣　联　　开票日期：2013 年 10 月 15 日

（此联不作原始凭证，作申报扣税凭证用）

购货单位	名　　称：东莞凯歌电子厂 纳税人识别号：44190000547757 地 址、电 话：东莞市大岭山镇 0769-856287×× 开户行及账号：建行大岭山支行 4400177780805110156				密码区	（略）	
货物及应税劳务名称	规格型号	单位	数量	单价	金额	税率	税额
电费		度	2 730	1.00	2 730.00	17%	464.10
合　计					￥2 730.00		￥464.10
价税合计（大写）	⊗叁仟壹佰玖拾肆元壹角整					（小写）￥3 194.10	
销货单位	名　　称：广东电网公司东莞供电局 纳税人识别号：440106938182588 地 址、电 话：东莞市大岭山镇 0769-898763×× 开户行及账号：工行大岭山支行 3606587235697685213				备注	电字号：B66789008	

收款人：洪珊　　复核：何惠　　开票人：吴海　　销货单位（章）：

第一联　抵扣联　购货方扣税凭证

图 2.42

托收凭证（付款通知）　5

委托日期 2013 年 10 月 11 日　　付款期限 2013 年 10 月 15 日

业务类型	委托收款（□邮划 □ 电划）　托收承付（□邮划 □电划）					
付款人	全称	东莞凯歌电子厂	收款人	全称	广东电网公司东莞供电局	
	账号	4400177780805110156		账号	3606587235697685213	
	地址	东莞大岭山　开户行　建行大岭山支行		地址	东莞大岭山　开户行　工行大岭山支行	
金额	人民币（大写）	叁仟壹佰玖拾肆元壹角整			千百十万千百十元角分：　　　￥ 3 1 9 4 1 0	
款项内容	电费	托收凭据名称	增值税发票	附寄单证张数	2 张	
商品发运情况		合同名称号码				
备注： 付款人开户银行收到日期 2013 年 10 月 12 日 复核　　记账		付款人开户银行签章 2013 年 10 月 12 日		付款人注意： 1. 根据结算办法规定，上列委托收款（托收承付）款项在付款期限内未提出拒付，即视为同意付款。 2. 如需提出全部或部分拒付，应在规定期限内，将拒付款理由书并附债务证明退交开户银行。		

此联付款人开户行给付款人按期付款通知

图 2.43

【业务 14】10 月 15 日，以银行存款支付 9 月水费，见图 2.44 ～图 2.46。

4400062140　**广东增值税专用发票**　No 05673628

发　票　联　　　开票日期：2013 年 10 月 15 日

购货单位	名　　称：东莞凯歌电子厂 纳税人识别号：44190000547757 地 址、电 话：东莞市大岭山镇 0769-856287×× 开户行及账号：建行大岭山支行 440017778080511015 6				密码区	（略）	
货物及应税劳务名称	规格型号	单位	数量	单价	金额	税率	税额
水费		立方米	380	2.50	950.00	13%	123.50
合　计					¥950.00		¥123.50
价税合计（大写）	⊗壹仟零柒拾叁元伍角整					（小写）¥1 073.50	
销货单位	名　　称：东莞自来水公司 纳税人识别号：440107629966829 地 址、电 话：东莞大岭山镇 0769-898768×× 开户行及账号：工行大岭山支行 3606587235697688958				备注	东莞自来水公司 440107629966829 发票专用章	

收款人：李翠绿　　复核：张姬　　开票人：王东　　销货单位（章）：

第二联　发票联　购货方记账凭证

图 2.44

4400062140　**广东增值税专用发票**　No 05673628

抵　扣　联　　　开票日期：2013 年 10 月 15 日

（此联不作原始凭证，作申报扣税凭证用）

购货单位	名　　称：东莞凯歌电子厂 纳税人识别号：44190000547757 地 址、电 话：东莞市大岭山镇 0769-856287×× 开户行及账号：建行大岭山支行 440017778080511015 6				密码区	（略）	
货物及应税劳务名称	规格型号	单位	数量	单价	金 额	税率	税额
水费		立方米	380	2.50	950.00	13%	123.50
合　计					¥950.00		¥123.50
价税合计（大写）	⊗壹仟零柒拾叁元伍角整					（小写）¥1 073.50	
销货单位	名　　称：东莞自来水公司 纳税人识别号：440107629966829 地 址、电 话：东莞大岭山镇 0769-898768×× 开户行及账号：工行大岭山支行 3606587235697688958				备注	东莞自来水公司 440107629966829 发票专用章	

收款人：李翠绿　　复核：张姬　　开票人：王东　　销货单位（章）：

第一联　抵扣联　购货方扣税凭证

图 2.45

托收凭证（付款通知）　5

委托日期 2013 年 10 月 11 日　　付款期限 2013 年 10 月 15 日

业务类型		委托收款（□邮划 □ 电划）　托收承付（□邮划 □电划）					
付款人	全称	东莞凯歌电子厂		收款人	全称	东莞自来水公司	
	账号	4400177780805110156			账号	3606587235697688958	
	地址	东莞大岭山　开户行　建行大岭山支行			地址	东莞大岭山　开户行　工行大岭山支行	
金额	人民币（大写）	壹仟零柒拾叁元伍角整				千 百 十 万 千 百 十 元 角 分 ¥ 1 0 7 3 5 0	
款项内容	水费	托收凭据名称	增值税发票	附寄单证张数	2 张		
商品发运情况		合同名称号码					
备注： 付款人开户银行收到日期 2013 年 10 月 12 日 复核　　记账		付款人开户银行签章 2013 年 10 月 12 日		付款人注意： 1. 根据结算办法规定，上列委托收款(托收承付)款项在付款期限内未提出拒付，即视为同意付款。 2. 如需提出全部或部分拒付，应在规定期限内，将拒付款理由书并附债务证明退交开户银行。			

此联付款人开户行给付款人按期付款通知

（印章：中国建设银行股份有限公司 东莞大岭山支行 2013.10.15 办讫章 (11)）

图 2.46

【业务 15】10 月 16 日，缴纳 9 月税费，见图 2.47 和图 2.48。

电子缴税凭证

填发日期：2013/10/16　　电子税票号：445006003151339119

纳税人代码：187658765498 纳税人全称：东莞凯歌电子厂 缴 款 账 号：4400177780805110156		征收机关：中心国库 开户银行：建行东莞市支行 国　　库：东莞市国家税务局大岭山分局	
税种（品目名称）	预算科目　预算级次	税款所属时期	实缴金额
增值税	010119,30	20130901 － 20130930	1 341.05
金额合计	（大写）壹仟叁佰肆拾壹元零伍分		¥ 1 341.05
备注	第 1 次补制。 此凭证不得用于收取现金，仅作纳税人电子转账缴税凭证。		

主办：　　复核：　　经办：

（印章：中国建设银行股份有限公司 东莞大岭山支行 2013.10.16 办讫章 (11)）

图 2.47

电子缴税凭证

填发日期：2013/10/16　　　　电子税票号：3201310117682285

纳税人代码：19125687698 纳税人全称：东莞凯歌电子厂 缴 款 账 号：44001777808051101 56		征收机关：中心国库 开户银行：建行东莞市分行 国　　库：东莞市地方税务局大岭山税务分局	
税种（品目名称）	预算科目　预算级次	税款所属时期	实缴金额
城市维护建设税 教育费附加收入 企业所得税	1 019,03 700 300,03	20130901 — 20130930 20130901 — 20130930 20130901 — 20130930	67.05 40.23 3 600.00
金额合计	（大写）叁仟柒佰零柒元贰角捌分		￥3 707.28
备注	第 1 次补制。 此凭证不得用于收取现金，仅作纳税人电子转账缴税凭证。		

中国建设银行股份有限公司 东莞大岭山支行 2013.10.16 办讫章 (11)

主办：　　　　复核：　　　　经办：

图 2.48

【业务 16】10 月 18 日，车间主任江淮预借差旅费 1 500 元，到北京参加会议，见图 2.49 和图 2.50。

现金支出凭单

第　　号

附件 1 张　　　　2013 年 10 月 18 日　　　　对方科目编号

用款事项：预借差旅费

人民币（大写）：壹仟伍佰元整　　现金付讫　　￥1500.00

收款人（签章）	江　淮	主管人员（签章）	张　彬 欧阳辉煌	会计人员（签章）	陈芳香	出纳员付　讫（签章）	梁冬娴

图 2.49

借　款　单

2013 年 10 月 18 日

借款单位：生产车间				
借款理由：到北京召开关于生产安全及产品质量会议				
借款数额：人民币（大写）壹仟伍佰元整　　¥1 500.00				
付款方式：现金				
单位负责人意见	会计主管核批	会　计	出　纳	借款人
同 意 欧阳辉煌	张彬	陈芳香	梁冬娴	江淮

图 2.50

【业务 17】10 月 21 日，开出转账支票向希望工程捐款，见图 2.51 和图 2.52。

中国建设银行支票存根（粤）

$\frac{E\ G}{0\ 2}$ 01479656

附加信息

出票日期 2013 年 10 月 21 日

收款人：希望工程基金会
金　额：¥2 000.00
用　途：捐款

单位主管　张彬　会计　陈芳香

中国建设银行　支票（粤）　$\frac{E\ G}{0\ 2}$ 01479656

本支票付款期限十天

出票日期（大写）贰零壹叁年零壹拾月贰拾壹日　付款行名称：建行大岭山支行

收款人：东莞市希望工程基金会　　出票人账号：440017778080511 0156

人民币（大写）	亿	千	百	十	万	千	百	十	元	角	分
贰仟元整					¥	2	0	0	0	0	0

用途　捐款

上列款项请从
我账户内支付
出票人签章

东莞凯歌电子厂财务专用章　欧阳辉煌　梁冬娴

复核　　记账

图 2.51

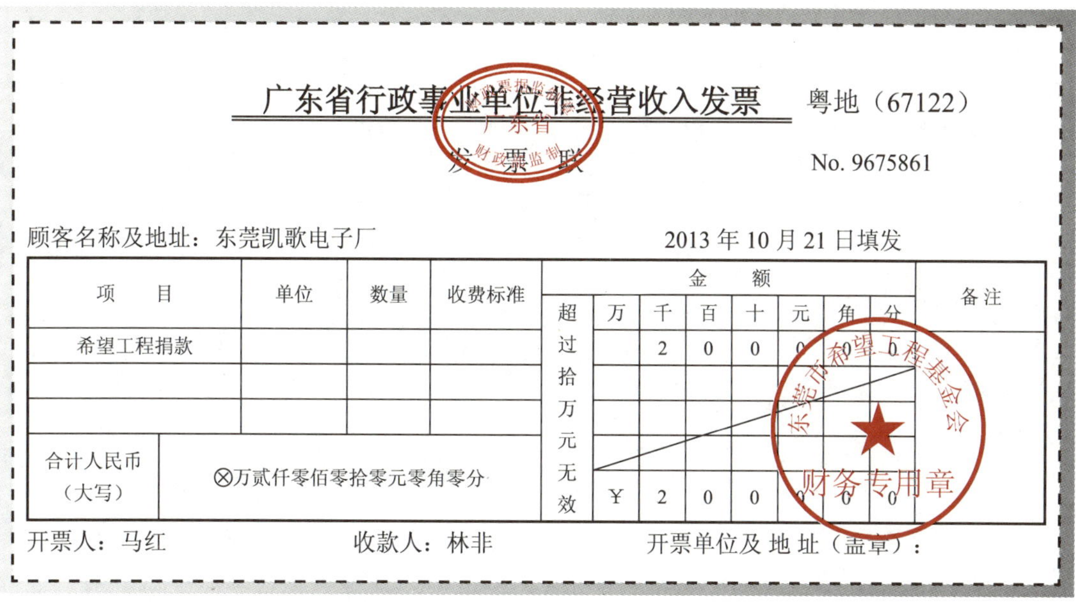

广东省行政事业单位非经营收入发票　粤地（67122）

发　票　联　　　　No. 9675861

顾客名称及地址：东莞凯歌电子厂　　　　2013 年 10 月 21 日填发

项　目	单位	数量	收费标准	超过拾万元无效	万	千	百	十	元	角	分	备注
希望工程捐款						2	0	0	0	0	0	
合计人民币（大写）	⊗万贰仟零佰零拾零元零角零分				¥	2	0	0	0	0	0	

开票人：马红　　收款人：林非　　开票单位及地址（盖章）：

图 2.52

【业务 18】10 月 22 日，车间主任江淮出差回来，结清所借差旅费，见图 2.53 ～图 2.58。

差旅费报销单

附件：5　张　　　填报日期：　2013 年 10 月 22 日

出差人	江淮	共 1 人	职务	车间主任	部门	生产车间	审批人	欧阳辉煌
出差事由	召开关于生产安全及产品质量会议		出差起止日期	自 2013 年 10 月 18 日起 至 2013 年 10 月 20 日止共 3 天				
到达地点	北京							

项目金额	交通工具：火车	汽车	轮船	飞机	市内交通费	其他：餐饮费	会议费	保险费	住宿费：住宿 2 天	出差补助：天数	金额
				1 750.00	40.00	150.00		20.00	180.00	3	90.00
总计人民币（大写）贰仟贰佰叁拾元整									¥2 230.00		

原借款金额	报销金额	交结余金额人民币（大写）	¥
1500.00	2230.00	支超支金额人民币（大写）柒佰叁拾元整	¥730.00

现金付讫

负责人：欧阳辉煌　会计主管：张彬　会计：陈芳香　出纳员：梁冬娴　出差人：江淮

图 2.53

航空运输电子客票行程单

国家税务总局监制　　ITINERRAPY/RECEIPT OF E-TICKET　　印刷序号：NO.70484105786

NTED UNDER THE SUPERVISION OF SAT　　FOR AIR TRANSPORTATION　　SERIAL NUMBER

乘客姓名 PASSENGER NAME	有效身份证件号码 ID..NO.	签注 ENDORSEMENTS/RESTRICTIONS（CARBON）
江 淮	440104197012220286	不得签转限原出票地退票

KXOYS	承运人 CARRIER	航班号 FLGHT	座位等级 CLASS	日期 DATE	时间 TIME	客票级别/客票类别 FARE BASIS	客票生效日期 NOTVALDBEFORE	有效截止日期 NOTVALIDAFTER	免费行李 ALLOW
FROM 广州 CAN	CZ	3161	X	18 OCT	1420	YRT40	12 OCT	18 OCT	20K
TO 北京 PEK	CZ	3110	V	20 OCT	1920	YRT45	12 OCT	20 OCT	20K
TO 广州 CAN									
TO	票价 FARE		机场建设费 A	燃油附加费 FUEL SURCHARGE		其他税费 OTHER TAXES		合计 TOTAL	
TO	CNY 1 450.0		CN 100.0	YQ 200.0		无		CNY 1 750.0	

电子客票号码 E-TICKET NO　7845986858237　　验证码 CK　0578　　连续客票 COUNJUNCTION TKT　　保险费 INSURANCE　×××

销售单位代号 ENT CODE　CAN177　08307020　　填开单位（盖章）ISSUED BY　　填开日期 ISSUED DATE　2013-10-12

咨询网址：WWW.TRAVELSKY.COM。　　请旅客乘机前认真阅读《旅客须知》及承运人的运输总条件内容。

付款凭证　手写无效

（印章：××航旅运 票证专用章）

图 2.54

阳光财产保险股份有限公司

阳光伴你行 C 款——交通工具乘客意外伤害保险单

保险单号　Policy　No.　　　　流水号　No.　00713618

被保险人姓名 Name of Insured	江淮	被保险人证件号码 ID Card Number of Insured	440104197012220286
保险金额 Sum Insured	飞　机 Airplane	人民币伍拾万元整	RMB ￥500 000.00
	火　车（含地铁、轻轨）Train	人民币叁拾万元整	RMB ￥300 000.00
	轮　船（指客舱、渡船、游船）Steamship	人民币贰拾万元整	RMB ￥200 000.00
	汽车 Automobile	人民币壹万元整	RMB ￥10 000.00
保险费 Premium	人民币贰拾元整		RMB ￥20.00
保险期限 Term of Insurance	自 2013 年 10 月 18 日零时起至 2013 年 10 月 24 日二十四时止 Form To	共七天（以北京时间为准）End Seven day	
受益人 Beneficiary	□指定 Designated □法定 Legal	法定受益人 受益人姓名 Name of Designate	

标识码：　ABK018A32013A　　保险公司签章：　　投保日期：18OCT 0633331

第三联　客户联（正本及收据）

（印章：阳光财产保险股份有限公司 业务专用章）

图 2.55

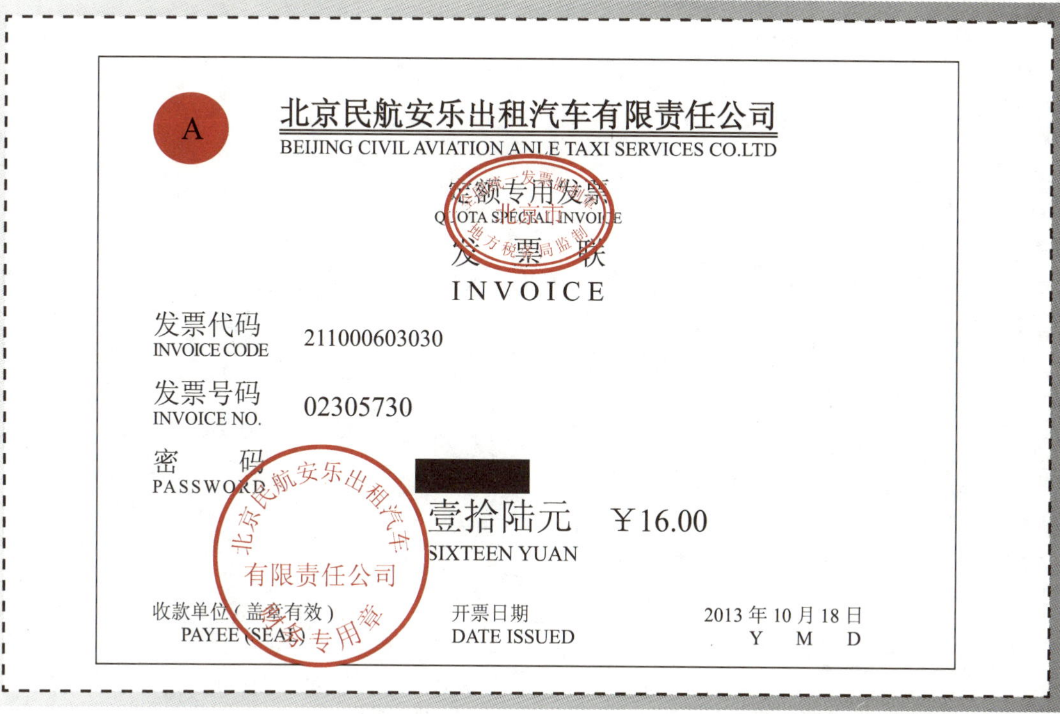

北京民航安乐出租汽车有限责任公司
BEIJING CIVIL AVIATION ANLE TAXI SERVICES CO.LTD
定额专用发票
QUOTA SPECIAL INVOICE
发　票　联
INVOICE

发票代码 INVOICE CODE　211000603030
发票号码 INVOICE NO.　02305730
密　码 PASSWORD
壹拾陆元　￥16.00
SIXTEEN YUAN
收款单位（盖章有效）PAYEE (SEAL)　开票日期 DATE ISSUED　2013 年 10 月 18 日 Y M D

图 2.56

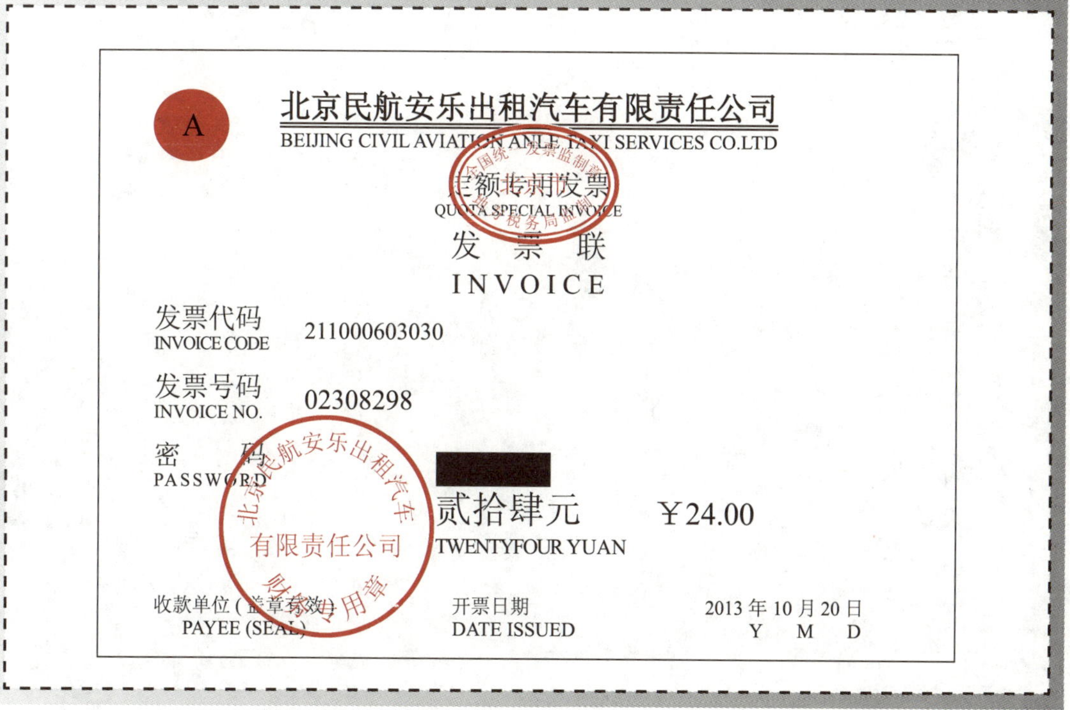

北京民航安乐出租汽车有限责任公司
BEIJING CIVIL AVIATION ANLE TAXI SERVICES CO.LTD
定额专用发票
QUOTA SPECIAL INVOICE
发　票　联
INVOICE

发票代码 INVOICE CODE　211000603030
发票号码 INVOICE NO.　02308298
密　码 PASSWORD
贰拾肆元　￥24.00
TWENTYFOUR YUAN
收款单位（盖章有效）PAYEE (SEAL)　开票日期 DATE ISSUED　2013 年 10 月 20 日 Y M D

图 2.57

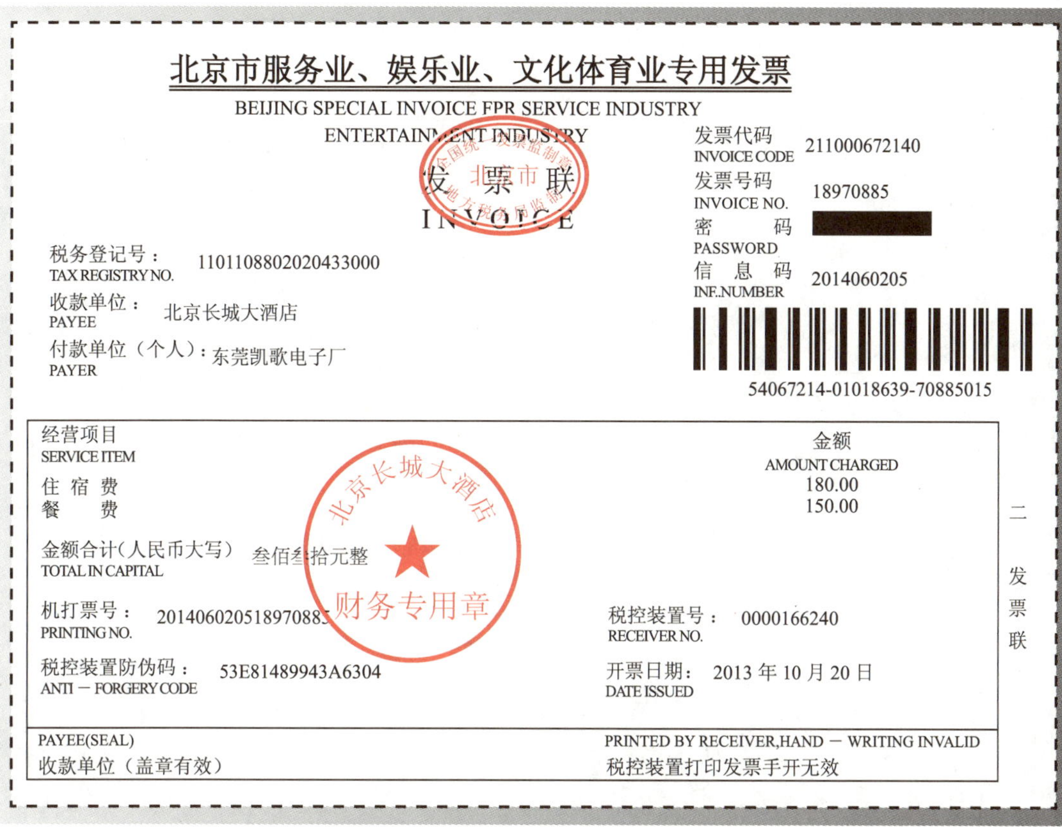

北京市服务业、娱乐业、文化体育业专用发票
BEIJING SPECIAL INVOICE FPR SERVICE INDUSTRY ENTERTAINMENT INDUSTRY

发 票 联
INVOICE

发票代码 INVOICE CODE 211000672140
发票号码 INVOICE NO. 18970885
密 码 PASSWORD
信 息 码 INF.NUMBER 2014060205

54067214-01018639-70885015

税务登记号：TAX REGISTRY NO. 110110880202043300
收款单位：PAYEE 北京长城大酒店
付款单位（个人）：PAYER 东莞凯歌电子厂

经营项目 SERVICE ITEM	金额 AMOUNT CHARGED
住宿费	180.00
餐　费	150.00

金额合计(人民币大写) TOTAL IN CAPITAL 叁佰叁拾元整

机打票号：PRINTING NO. 20140602051897088…
税控装置号：RECEIVER NO. 0000166240
税控装置防伪码：ANTI－FORGERY CODE 53E81489943A6304
开票日期：DATE ISSUED 2013 年 10 月 20 日

PAYEE(SEAL) 收款单位（盖章有效）
PRINTED BY RECEIVER,HAND － WRITING INVALID 税控装置打印发票手开无效

二 发票联

图 2.58

【业务 19】10 月 23 日，收到珠海拓展电子有限公司前欠货款，见图 2.59。

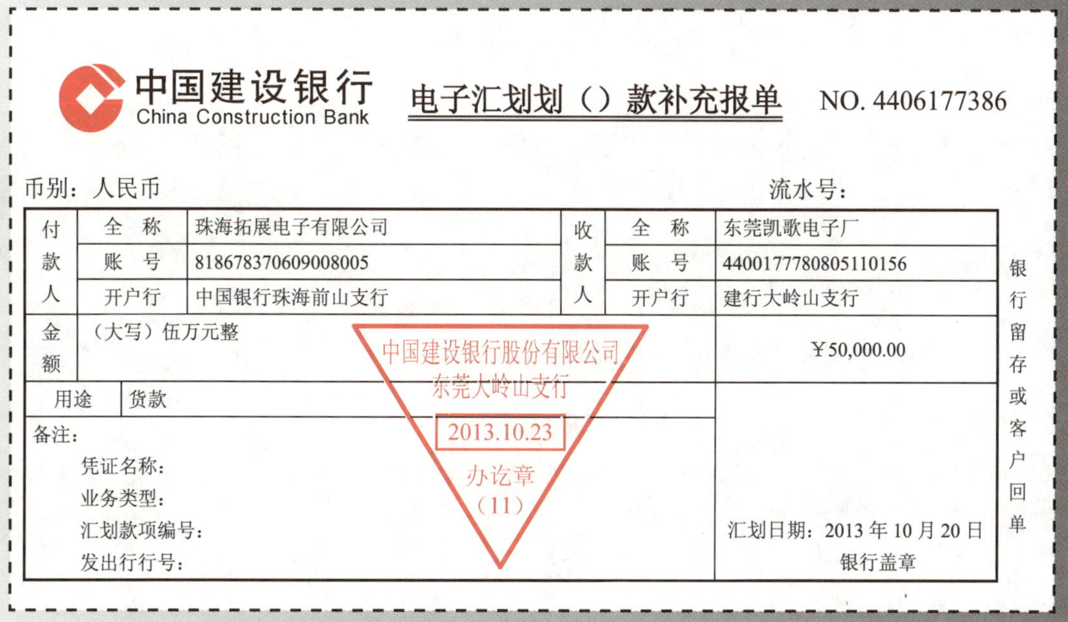

中国建设银行 China Construction Bank　电子汇划划（）款补充报单　NO. 4406177386

币别：人民币　流水号：

付款人	全　称	珠海拓展电子有限公司	收款人	全　称	东莞凯歌电子厂
	账　号	818678370609008005		账　号	44001777808051101 56
	开户行	中国银行珠海前山支行		开户行	建行大岭山支行
金额	（大写）伍万元整				￥50,000.00
用途	货款				

备注：
凭证名称：
业务类型：
汇划款项编号：
发出行行号：

汇划日期：2013 年 10 月 20 日
银行盖章

中国建设银行股份有限公司 东莞大岭山支行 2013.10.23 办讫章 (11)

银行留存或客户回单

图 2.59

【业务 20】10 月 26 日，购进联想笔记本电脑一台，货款暂欠，见图 2.60 ～图 2.62。

4400062140　广东增值税专用发票　No 06998826

发票联　　开票日期：2013 年 10 月 26 日

购货单位	名　称：东莞凯歌电子厂 纳税人识别号：44190000547757 地 址、电 话：东莞市大岭山镇 0769-856287×× 开户行及账号：建行大岭山支行 44001777808051l0156				密码区	（略）	
货物及应税劳务名称	规格型号	单位	数量	单价	金额	税率	税额
联想笔记本电脑		台	1	9 800.00	9 800.00	17%	1 666.00
合　计					￥9 800.00		￥1 666.00
价税合计（大写）	⊗壹万壹仟肆佰陆拾陆元整				（小写）￥11 466.00		
销货单位	名　称：东莞鹏达电脑有限公司 纳税人识别号：44182700689868 地 址、电 话：东莞市虎门镇 0769-889682×× 开户行及账号：建设银行虎门支行 44002678653266789 26				备注	东莞鹏达电脑有限公司 44182700689868 发票专用章	

收款人：李力　　复核：洪雨　　开票人：王冠　　销货单位（章）：

第二联　发票联　购货方记账凭证

图 2.60

4400062140　广东增值税专用发票　No 06998826

抵扣联　　开票日期：2013 年 10 月 26 日

购货单位	名　称：东莞凯歌电子厂 纳税人识别号：44190000547757 地 址、电 话：东莞市大岭山镇 0769-856287×× 开户行及账号：建行大岭山支行 440017778080 5110156				密码区	（略）	
货物及应税劳务名称	规格型号	单位	数量	单价	金额	税率	税额
联想笔记本电脑		台	1	9 800.00	9 800.00	17%	1 666.00
合　计					￥9 800.00		￥1 666.00
价税合计（大写）	⊗壹万壹仟肆佰陆拾陆元整				（小写）￥11 466.00		
销货单位	名　称：东莞鹏达电脑有限公司 纳税人识别号：44182700689868 地 址、电 话：东莞市虎门镇 0769-889682×× 开户行及账号：建行虎门支行 4400267865326678926				备注	东莞鹏达电脑有限公司 44182700689868 发票专用章	

收款人：李力　　复核：洪雨　　开票人：王冠　　销货单位（章）：

第一联　抵扣联　购货方扣税凭证

图 2.61

固定资产验收交接单

2013 年 10 月 26 日

固定资产名称	型号规格	计量单位	数量	金额	出厂日期	有效期	制造商
联想笔记本电脑		台	1	11 466.00	2013 年 09 月	5 年	联想（北京）有限公司
使用部门	单位负责人意见		固定资产管理部门意见			使用部门验收签名	
企划部	同意使用 欧阳辉煌 2013 年 10 月 26 日		验收合格，可移交使用 戴雅 2013 年 10 月 26 日			同意接收 李骏金 2013 年 10 月 26 日	

图 2.62

【业务 21】10 月 28 日，仓储部销售废料取得现金 840.88 元，见图 2.63 和图 2.64。

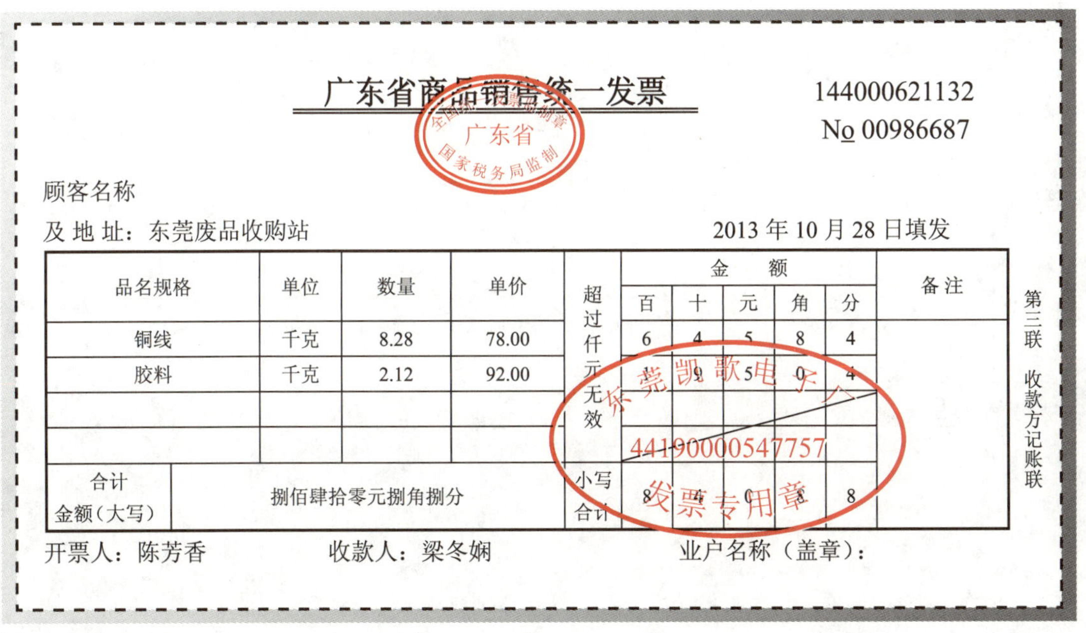

广东省商品销售统一发票

144000621132

No 00986687

全国统一发票监制章 广东省 国家税务局监制

顾客名称

及 地 址：东莞废品收购站　　　　2013 年 10 月 28 日填发

品名规格	单位	数量	单价	超过仟元无效	金额 百	十	元	角	分	备注
铜线	千克	8.28	78.00		6	4	5	8	4	
胶料	千克	2.12	92.00		1	9	5	0	4	
合计金额（大写）	捌佰肆拾零元捌角捌分			小写合计	8	4	0	8	8	

第三联　收款方记账联

东莞凯歌电子厂 441900000547757 发票专用章

开票人：陈芳香　　收款人：梁冬娴　　业户名称（盖章）：

图 2.63

领　料　单

____字第____________号

领料部门______________　　　　　　　　　　　　　　　　NO. 0017114

生产通知单号别________　　　　2013 年 10 月 28 日

制品名称：			制造数量：				领料用途：废料销售								
编号	品 名	规 格	单位	请领数量	实发数量	单 价	金　额								
							百	十	万	千	百	十	元	角	分
	铜线		千克	8.28	8.28	102.56					8	4	9	2	0
	胶料		千克	2.12	2.12	132.48					2	8	0	8	6
附件：				张	合　计				¥	1	1	3	0	0	6

第二联　财务

主管：曹梨　　会计：陈芳香　　记账：　　发料：王荔　　领料：　　制单：王荔

图 2.64

【业务 22】10 月 31 日，预提本月应负担的借款利息，见图 2.65。

短期借款利息计算表

2013 年 10 月 31 日　　　　　　　　人民币单位：元

借款性质	借款证号	借款期限	借款期间	计息期间	借款金额	借款利率	本月借款利息	已提利息	合计
生产周转		6 个月	2013.10.01 ～ 2014.03.31	10.01 ～ 10.31	50 000.00	6%	250.00	0.00	250.00
备注	该借款一次还本，按月预提，按季付息								

财务主管：张彬　　　　审核：张彬　　　　制表：陈芳香

图 2.65

【业务 23】10 月 31 日，根据水表，结转本月水费，见图 2.66。

各部门用水分配表

2013 年 10 月 31 日

使用部门	用水量（立方米）	单价（元 / 立方米）	金额（元）
生产车间	280	2.50	700.00
管理部门	68	2.50	170.00
销售部门	15	2.50	37.50
合计	363		907.50

财务主管：张彬　　审核：张彬　　制表：陈芳香

图 2.66

【业务 24】10 月 31 日，根据水电表，结转本月电费，见图 2.67。

各部门用电分配表

2013 年 10 月 31 日

使用部门	用电量（度）	单价（元 / 度）	金额（元）
生产车间	2 300	1.00	2 300.00
管理部门	280	1.00	280.00
销售部门	50	1.00	50.00
合计	2 630		2 630.00

财务主管：张彬　　审核：张彬　　制表：陈芳香

图 2.67

【业务 25】10 月 31 日，结转本月工资，见图 2.68。

工资费用分配表

2013 年 10 月 31 日　　　　单位：元

部门名称		应借科目		基本工资	各类补贴及奖金	合　计
生产车间	生产工人	生产成本	基本生产车间	4 620.00	3 238.60	7 858.60
			小　计	4 620.00	3 238.60	7 858.60
	车间管理人员	制造费用		2 700.00	1 100.00	3 800.00
管理部门		管理费用		13 550.00	2 850.00	16 400.00
销售部门		销售费用		2 100.00	2 700.00	4 800.00
合　计				22 970.00	9 888.60	32 858.60

财务主管：张彬　　　　审核：张彬　　　　制表：陈芳香

图 2.68

【业务 26】10 月 31 日，按工资总额的 14% 计提本月职工福利费，见图 2.69。

职工福利费计提分配表

2013 年 10 月 31 日　　　　单位：元

应借科目		计提基数	应付福利费	
			计提比例	计提金额
生产成本	基本生产车间	7 858.60	14%	1 100.20
	小　计	7 858.60		1 100.20
制造费用		3 800.00	14%	532.00
管理费用		16 400.00	14%	2 296.00
销售费用		4 800.00	14%	672.00
合　计		32 858.60		4 600.20

财务主管：张彬　　　　审核：张彬　　　　制表：陈芳香

图 2.69

【业务 27】10 月 31 日，计提本月折旧费，见图 2.70。

固定资产折旧计算表

2013 年 10 月 31 日

使用部门	固定资产类别	月初应计折旧固定资产原值	预计使用期间（月）	月折旧率（%）	月折旧额（元）
生产车间	车间厂房	280 000.00	240	0.40	1 120.00
	车间机器设备	130 280.00	120	0.79	1 029.21
	小计	410 280.00			2 149.21
管理部门	办公用房屋	200 000.00	240	0.40	800.00
	电脑、打印机	8 560.00	60	1.58	135.25
	税控机	2 600.00	60	1.58	41.08
	小计	211 160.00			976.33
销售部门	销售用房屋	80 000.00	240	0.40	320.00
	电脑、打印机	6 630.00	60	1.58	104.75
	小计	86 630.00			424.75
合　计		708 070.00			3 550.29

财务主管：张彬　　审核：张彬　　制表：陈芳香

图 2.70

【业务 28】10 月 31 日，汇总结转本月发生的制造费用，见图 2.71。

制造费用分配表

2013 年 10 月 31 日

分配对象（产品）	分配标准（实际工时）	分配率（单位成本）	分配金额（元）
电子线			11 711.21
合　计			11 711.21

财务主管：张彬　　审核：张彬　　制表：陈芳香

图 2.71

【业务 29】10 月 31 日，完工产品入库，见图 2.72 和图 2.73。

完工产品成本汇总表

2013 年 10 月 31 日

产品名称	计量单位	产量	成本项目			总成本	单位成本
			直接材料	直接人工	制造费用		
电子线	轴	308	156 661.34	8 958.80	11 711.21	177 331.35	575.751 1
合计		308	156 661.34	8 958.80	11 711.21	177 331.35	

财务主管：张彬　　审核：张彬　　制表：陈芳香

图 2.72

产成品入库单

2013 年 10 月 31 日

产品名称	规格型号	单位	数量	单位成本	金额								备注
					十	万	千	百	十	元	角	分	
电子线	800MM	轴	308	575.751 1	1	7	7	3	3	1	3	5	
合　计					1	7	7	3	3	1	3	5	

第二联　财务（红）

验收：曹梨　　仓管员：王荔　　记账：　　制单：许诺

图 2.73

【业务 30】10 月 31 日，计算结转本月销售产品的生产成本，见图 2.74。

2013 年 10 月产品产、销、存汇总表

附单据 3 张　　2013 年 10 月 31 日　　货币单位：元

产品名称	单位	上月结存		本月生产		本月销售		本月结存		
		数量	总成本	数量	总成本	数量	总成本	数量	单位成本	总成本
电子线	轴	108.00	65 090.52	308.00	177 331.35	300.00	174 822.87	116.00	582.75	67 599
合计			65 090.52		177 331.35		174 822.87			67 599

财务主管：张彬　　审核：张彬　　制表：陈芳香

图 2.74

【业务 31】10 月 31 日，转出未交增值税，见图 2.75。

应交增值税计算表

2013 年 10 月 1 日至 10 月 31 日　　单位：元

项目				销售额	税额	备注
销项	应税货物	货物名称	适用税率			
		电子线	17%	224 170.00	38 108.90	
		材　料	17%	718.70	122.18	
		小　计			38 231.08	
	应税劳务					
	1.					
	2.					
进项	本期进项税额发生额			36 272.50		
	进项税额转出					
	1.					
	2.					
应纳税额				1 958.58		

财务主管：张彬　　审核：张彬　　制表：陈芳香

图 2.75

【业务 32】10 月 31 日，计提本月城市维护建设税及教育费附加，见图 2.76。

城市维护建设税及教育费附加计算表

2013 年 10 月 1 日至 10 月 31 日　　单位：元

业 务 种 类	计税金额		税 率（费率）	应交金额（元）
	增值税	营业税		
	1	2	3%	4 =（1 + 2）×3
城市维护建设税	1 958.58		5%	97.93
教育费附加	1 958.58		3%	58.76
合计				156.69

财务主管：张彬　　审核：张彬　　制表：陈芳香

图 2.76

2.1.3　任务要求

1）依据以上实训资料填制通用记账凭证，月末按月整理凭证并装订成册（注：实训需用通用记账凭证 36 张，记账凭证封皮 1 张，增值税抵扣联封面 1 张）。

2）依据以上实训资料填制专用记账凭证，月末按月整理凭证并分类装订成册（注：实训需用专用收款凭证 4 张，付款凭证 12 张，转账凭证 20 张，记账凭证封皮 3 张，增值税抵扣联封面 1 张）。

任务 2.2　审核记账凭证

2.2.1　任务目的

1）掌握记账凭证的审核方法。

2）掌握记账凭证的更正方法。

2.2.2　任务情景引例

2013 年 12 月，东莞虎门新世纪印刷厂（建于 2000 年）填制的部分记账凭证及其相关的原始凭证如下。

【业务 1】12 月 1 日，购进施乐复印机一台，货款暂欠（已登账），见图 2.77 ～图 2.80。

记 账 凭 证

日期：　　年　　月　　日　　　　　　　　　　　　　　　第 1 号

摘　　要	总账科目	明细科目	借方金额											贷方金额											记账（√）
			亿	千	百	十	万	千	百	十	元	角	分	亿	千	百	十	万	千	百	十	元	角	分	
购进施乐复印机	固定资产	非生产用固定资产				¥	1	6	8	0	0	0	0												√
	应交税费	应交增值税——进项税额					¥	2	8	5	6	0	0												√
	其他应付账款	东莞佳美															¥	1	9	6	5	6	0	0	
附单据 03 张	合计	⊗亿⊗仟⊗佰⊗拾壹万玖仟陆佰伍拾陆元⊗角⊗分				¥	1	9	6	5	6	0	0				¥	1	9	6	5	6	0	0	

核准：鲁欢　　复核：鲁欢　　记账：刘宇　　出纳：　　制单：刘宇

图 2.77

固定资产验收交接单

2013 年 12 月 1 日

固定资产名称	型号规格	计量单位	数量	金 额	出厂日期	有效期	制造商
施乐复印机		台	1	19 656.00	2013 年 06 月	10 年	施乐公司

使用部门	单位负责人意见	固定资产管理部门意见	使用部门验收签名
管理部门	同意使用 蔡艳 2013 年 12 月 1 日	验收合格，可移交使用 梁琪 2013 年 12 月 1 日	同意接收 马宏 2013 年 12 月 1 日

图 2.78

4400062140　　**广东增值税专用发票**　　No 06998273

发　票　联

开票日期：2013 年 12 月 1 日

购货单位	名　　称：东莞虎门新世纪印刷厂 纳税人识别号：44190000546898 地 址、电 话：东莞市虎门镇 0769-88928568×× 开户行及账号：建行虎门支行 4400177780805110298				密码区	（略）	
货物及应税劳务名称	规格型号	单位	数量	单价	金额	税率	税额
施乐复印机		台	1	16 800.00	16 800.00	17%	2 856.00
合　计					¥16 800.00		¥2 856.00
价税合计（大写）	⊗壹万玖仟陆佰伍拾陆元整					（小写）	¥ 19 656.00
销货单位	名　　称：东莞佳美办公设备有限公司 纳税人识别号：44182700689127 地 址、电 话：东莞市虎门镇 0769-889682×× 开户行及账号：建行虎门支行 4400267865326678123				备注		

收款人：李带　　复核：王新　　开票人：李奇　　销货单位（章）：

第二联　发票联　购货方记账凭证

图 2.79

4400062140　　**广东增值税专用发票**　　No 06998273

抵　扣　联

开票日期：2013 年 12 月 1 日

购货单位	名　　称：东莞虎门新世纪印刷厂 纳税人识别号：44190000546898 地 址、电 话：东莞市虎门镇 0769-889285×× 开户行及账号：建行虎门支行 4400177780805110298				密码区	（略）	
货物及应税劳务名称	规格型号	单位	数量	单价	金额	税率	税额
施乐复印机		台	1	16 800.00	16 800.00	17%	2 856.00
合　计					¥16 800.00		¥2 856.00
价税合计（大写）	⊗壹万玖仟陆佰伍拾陆元整					（小写）	¥19656.00
销货单位	名　　称：东莞佳美办公设备有限公司 纳税人识别号：44182700689127 地 址、电 话：东莞市虎门镇 0769-889682×× 开户行及账号：建行虎门支行 4400267865326678123				备注		

收款人：李带　　复核：王新　　开票人：李奇　　销货单位（章）：

第一联　抵扣联　购货方扣税凭证

图 2.80

【业务 2】12 月 1 日，通过开户银行向河南新乡中泰纸业有限公司电汇欠货款（已登账），见图 2.81 和图 2.82。

记　账　凭　证

日期：2013 年 12 月 1 日　　　　第　2　号

摘　要	总账科目	明细科目	借方金额											贷方金额											记账（√）
			亿	千	百	十	万	千	百	十	元	角	分	亿	千	百	十	万	千	百	十	元	角	分	
向中泰电汇欠货款	应付账款	中泰纸业					3	8	0	3	6	0	0												√
	银行存款																	3	8	0	3	6	0	0	√
附单据 01 张	合计	⊗亿⊗仟⊗佰⊗拾叁万捌仟零佰叁拾陆元⊗角⊗分				¥	3	8	0	3	6	0	0				¥	3	8	0	3	6	0	0	

核准：鲁欢　　复核：鲁欢　　记账：刘宇　　出纳：　　制单：刘宇

图 2.81

中国建设银行 电汇凭证　（回单）1 XV04611286

□普通　□加急　　　委托日期　2013 年 12 月 1 日

汇款人	全　称	东莞虎门新世纪印刷厂	收款人	全　称	新乡中泰纸业有限公司
	账　号	4400177780805110298		账号	428606080008790
	汇出地点	广东省东莞 市 / 县		汇入地点	河南省新乡 市 / 县
汇出行名称		建行虎门支行	汇入行名称		农行新市区支行
金额	人民币（大写）叁万捌仟叁佰零陆元整		亿 千 百 十 万 千 百 十 元 角 分		¥ 3 8 3 0 6 0 0
汇出行签章			支付密码		
			附加信息及用途：支付欠货款		
			复核　　记账		

中国建设银行股份有限公司 东莞虎门支行 2013.12.01 票据受理专用章（收妥抵用）（2）

此联汇出行给汇款人的回单

图 2.82

【业务 3】12 月 1 日，向开户银行贷款 100 000 元（未登账），见图 2.83 ～图 2.85。

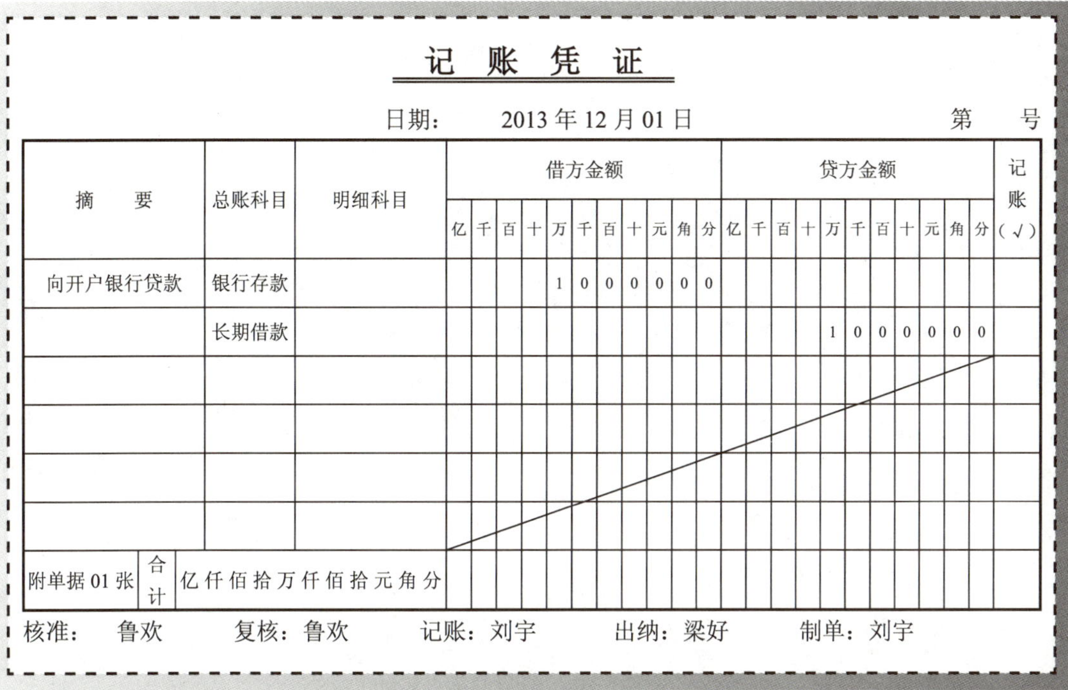

记　账　凭　证

日期：　2013 年 12 月 01 日　　　　第　　号

摘　要	总账科目	明细科目	借方金额											贷方金额											记账（√）
			亿	千	百	十	万	千	百	十	元	角	分	亿	千	百	十	万	千	百	十	元	角	分	
向开户银行贷款	银行存款						1	0	0	0	0	0	0												
	长期借款																	1	0	0	0	0	0	0	
附单据 01 张	合计	亿 仟 佰 拾 万 仟 佰 拾 元 角 分																							

核准：　鲁欢　　复核：鲁欢　　记账：刘宇　　出纳：梁好　　制单：刘宇

图 2.83

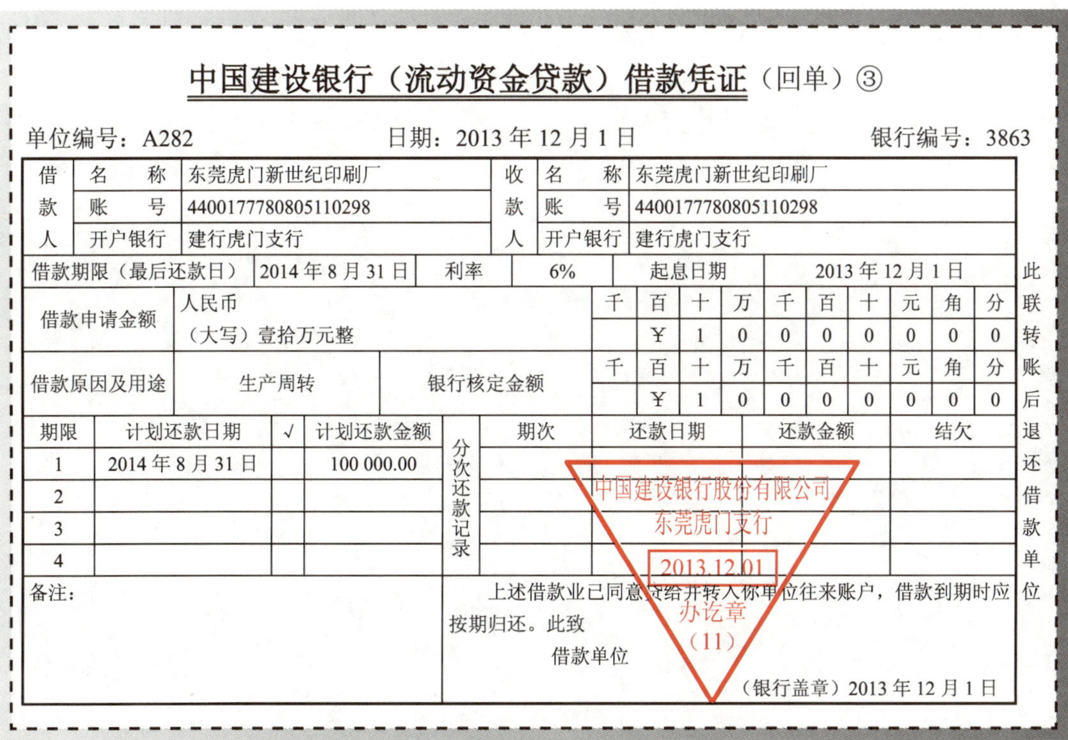

中国建设银行（流动资金贷款）借款凭证（回单）③

单位编号：A282　　日期：2013 年 12 月 1 日　　银行编号：3863

借款人	名　称	东莞虎门新世纪印刷厂	收款人	名　称	东莞虎门新世纪印刷厂
	账　号	4400177780805110298		账　号	4400177780805110298
	开户银行	建行虎门支行		开户银行	建行虎门支行

借款期限（最后还款日）	2014 年 8 月 31 日	利率	6%	起息日期	2013 年 12 月 1 日

借款申请金额	人民币（大写）壹拾万元整	千	百	十	万	千	百	十	元	角	分
			¥	1	0	0	0	0	0	0	0
借款原因及用途	生产周转　银行核定金额	千	百	十	万	千	百	十	元	角	分
			¥	1	0	0	0	0	0	0	0

期限	计划还款日期	√	计划还款金额	分次还款记录	期次	还款日期	还款金额	结欠
1	2014 年 8 月 31 日		100 000.00					
2								
3								
4								

备注：

上述借款业已同意贷给并转入你单位往来账户，借款到期时应按期归还。此致

借款单位

（银行盖章）2013 年 12 月 1 日

此联转账后退还借款单位

图 2.84

请借款人认真阅读本合同，尤其是带有***符号的条款，在确认无异议后签署本合同。

中国建设银行借款合同

（中 / 短期流动资金贷款）

穗建银 2013 年流贷字 56120868 号

借　款　人：东莞虎门新世纪印刷厂
住　　　所：东莞市虎门镇工业区 128 号
法定代表人：罗兆辉
贷　款　人；建行虎门支行
地　　　址：东莞市虎门镇滨江路 28 号

鉴于借款人向贷款人申请流动资金贷款，根据中华人民共和国有关法律、法规及其他有关规定，借款人与贷款人双方协商一致，特订立本合同。

第一条　贷　款

1.1　币种人民币。
1.2　金额（大写金额）壹拾万元整，借款人所欠本金的实际金额以贷款人出具的会计凭证为准。
1.3　期限：玖个月（年 / 月），自 2013 年 12 月 01 日至 2014 年 08 月 31 日。
1.4　利率：6%。
1.5　本合同项下的贷款仅限用于生产周转。借款人不得将本合同项下的贷款挪作他用。
（略）

图 2.85

【业务 4】12 月 8 日，向河南新乡中泰纸业有限公司购进原材料白纸，材料已入库，货款暂欠（未登账），见图 2.86 ～图 2.89。

记　账　凭　证

日期：　　2013 年 12 月 08 日　　　　第 6 号

摘　要	总账科目	明细科目	借方金额											贷方金额											记账（√）
			亿	千	百	十	万	千	百	十	元	角	分	亿	千	百	十	万	千	百	十	元	角	分	
购入白纸	原材料	白纸					2	7	8	3	1	6	0												
	应交税费	应交增值税——销项税额						4	6	5	4	8	7												
	应付账款	中泰纸业																3	2	0	3	6	4	7	
附单据　张	合计	⊗亿⊗仟⊗佰⊗拾叁万贰仟零佰叁拾陆元肆角柒分				¥	3	2	0	3	6	4	7				¥	3	2	0	3	6	4	7	

核准：　　复核：　　记账：　　出纳：　　制单：刘宇

图 2.86

4100062140　　**河南增值税专用发票**　　No 00727891

发票联

开票日期：2013 年 12 月 8 日

购货单位	名　　称：东莞虎门新世纪印刷厂 纳税人识别号：44190000546898 地 址、电 话：东莞市虎门镇 0769-889285×× 开户行及账号：建行虎门支行 4400177780805110298				密码区	（略）	
货物及应税劳务名称	规格型号	单位	数量	单价	金额	税率	税额
白纸	889g×1194g×53g	吨	7.20	3 803.00	27 381.60	17%	4 654.87
合　　计					¥27 381.60		¥4 654.87
价税合计（大写）	⊗叁万贰仟零叁拾陆元肆角柒分				（小写）¥ 32 036.47		
销货单位	名　　称：新乡中泰纸业有限公司 纳税人识别号：410869936129867 地 址、电 话：新乡县七里营镇 0372-52872×× 开户行及账号：农行新市区支行 428606080008790				备注		

收款人：蓝语　　复核：陈美好　　开票人：李花花　　销货单位（章）：

第二联　发票联　购货方记账凭证

图 2.87

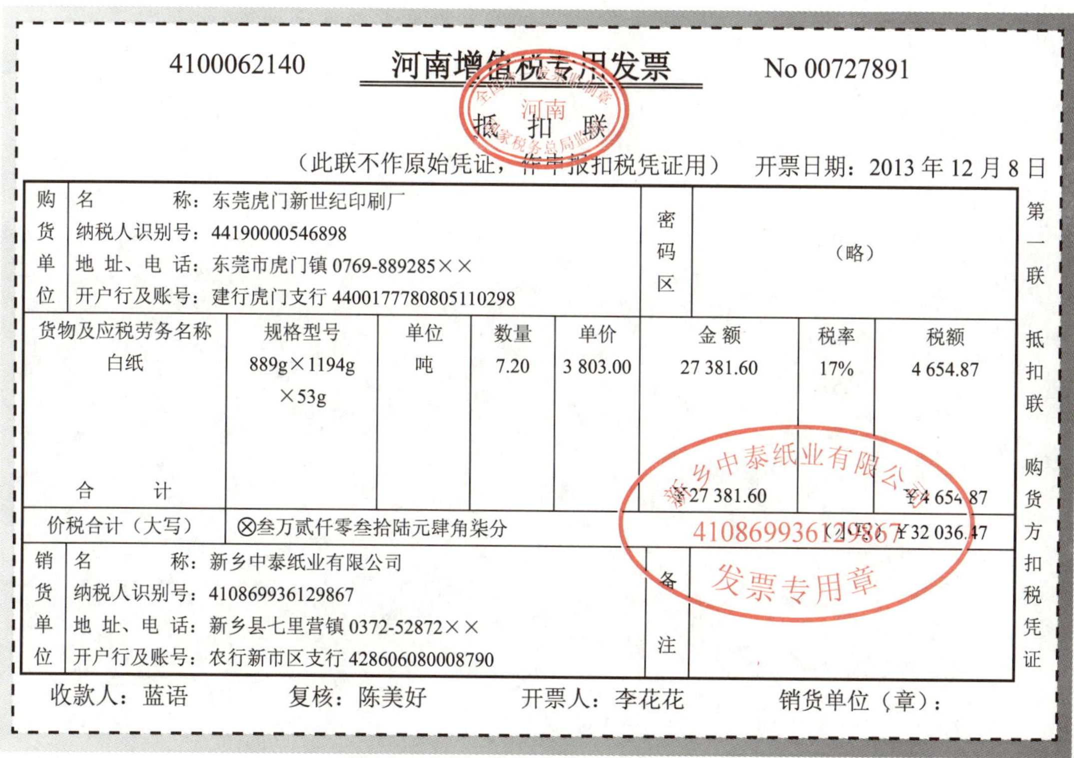

4100062140　　**河南增值税专用发票**　　No 00727891

抵扣联

（此联不作原始凭证，作申报扣税凭证用）　开票日期：2013 年 12 月 8 日

购货单位	名　　称：东莞虎门新世纪印刷厂 纳税人识别号：44190000546898 地 址、电 话：东莞市虎门镇 0769-889285×× 开户行及账号：建行虎门支行 4400177780805110298				密码区	（略）	
货物及应税劳务名称	规格型号	单位	数量	单价	金额	税率	税额
白纸	889g×1194g×53g	吨	7.20	3 803.00	27 381.60	17%	4 654.87
合　　计					¥27 381.60		¥4 654.87
价税合计（大写）	⊗叁万贰仟零叁拾陆元肆角柒分				（小写）¥ 32 036.47		
销货单位	名　　称：新乡中泰纸业有限公司 纳税人识别号：410869936129867 地 址、电 话：新乡县七里营镇 0372-52872×× 开户行及账号：农行新市区支行 428606080008790				备注		

收款人：蓝语　　复核：陈美好　　开票人：李花花　　销货单位（章）：

第一联　抵扣联　购货方扣税凭证

图 2.88

收　料　单

发票号码：No. 00727891
供应单位：新乡中泰纸业有限公司　　　　收料单编号：001
材料类别：原料及主要材料　　2013 年 12 月 8 日　　收料仓库：材料库

编号	材料名称	规格	单位	数量		实际成本					备注
				应收	实收	买价		运杂费	其他	合计	
						单价	金额				
	白纸	889g×1194g×53g	吨	7.20	7.20	3 803.00	27 381.60			27 381.60	
合　计						¥27 381.60					

第三联　记账联

主管：曹为　　采购员：王本立　　检验员：曹为　　保管员：王欢　　制单：王欢

图 2.89

【业务 5】12 月 10 日，开出支票，从银行提取现金 38 987 元，备发工资（未登账），见图 2.90 和图 2.91。

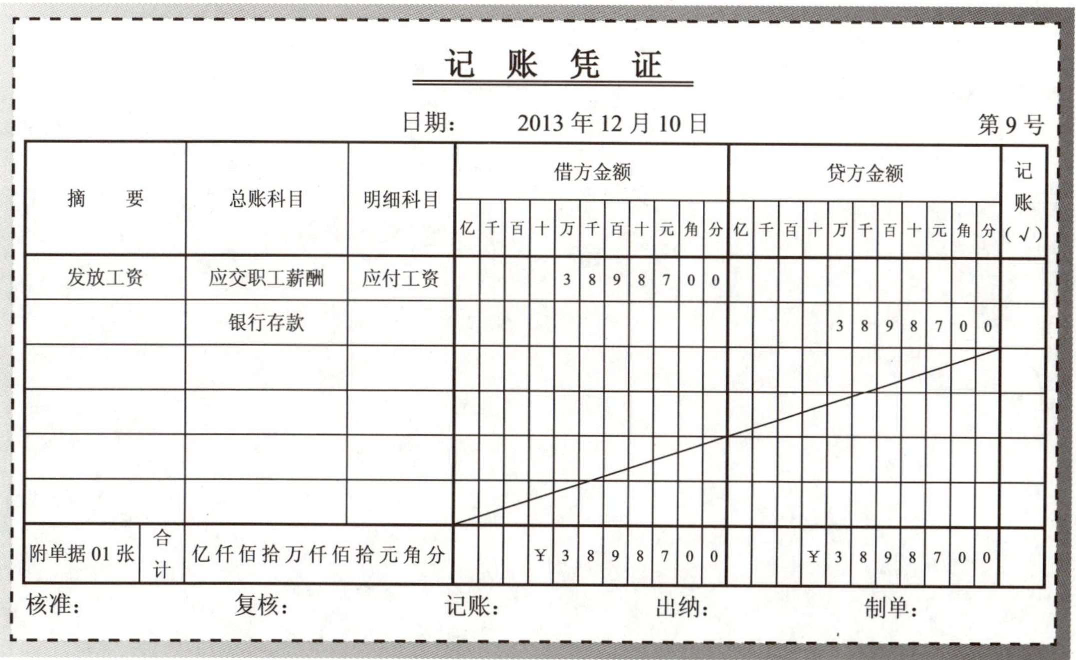

记　账　凭　证

日期：　2013 年 12 月 10 日　　　　第 9 号

摘要	总账科目	明细科目	借方金额											贷方金额											记账（√）
			亿	千	百	十	万	千	百	十	元	角	分	亿	千	百	十	万	千	百	十	元	角	分	
发放工资	应交职工薪酬	应付工资					3	8	9	8	7	0	0												
	银行存款																	3	8	9	8	7	0	0	
附单据 01 张	合计	亿仟佰拾万仟佰拾元角分				¥	3	8	9	8	7	0	0				¥	3	8	9	8	7	0	0	

核准：　　复核：　　记账：　　出纳：　　制单：

图 2.90

中国建设银行支票存根（粤）

$\frac{E}{0}\frac{G}{2}$ 01479896

附加信息

出票日期　2013 年 12 月 10 日

收款人：	东莞虎门新世纪印刷厂
金　额：	￥38 987.00
用　途：	发放工资

单位主管　鲁欢　　会计　刘宇

图 2.91

【业务 6】12 月 11 日，以现金支付发运教材运费（未登账），见图 2.92～图 2.95。

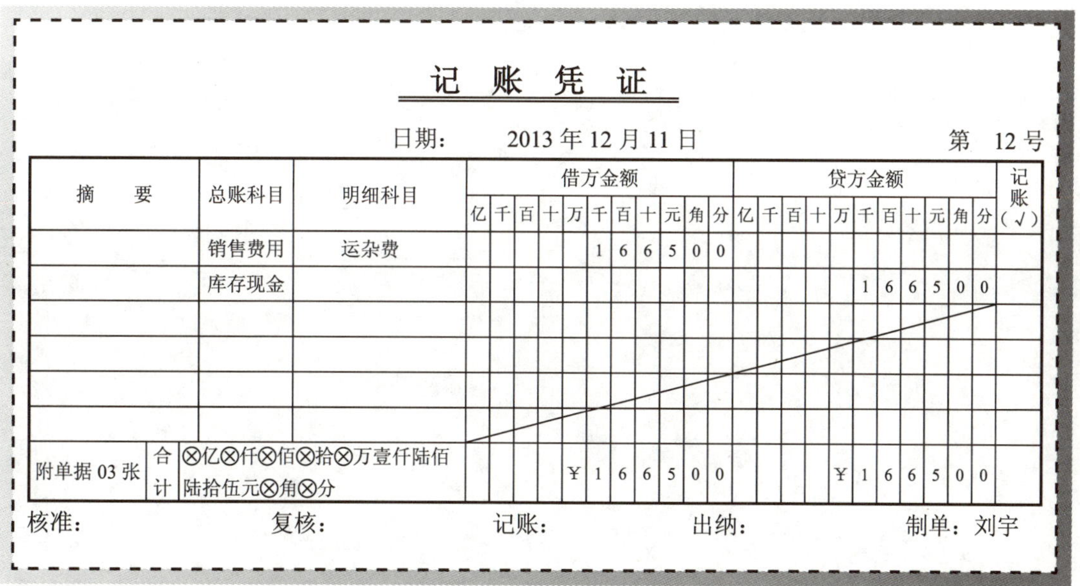

记　账　凭　证

日期：　2013 年 12 月 11 日　　　　第　12 号

摘　要	总账科目	明细科目	借方金额											贷方金额											记账(√)
			亿	千	百	十	万	千	百	十	元	角	分	亿	千	百	十	万	千	百	十	元	角	分	
	销售费用	运杂费						1	6	6	5	0	0												
	库存现金																		1	6	6	5	0	0	
附单据 03 张	合计	⊗亿⊗仟⊗佰⊗拾⊗万壹仟陆佰陆拾伍元⊗角⊗分					￥	1	6	6	5	0	0					￥	1	6	6	5	0	0	

核准：　　复核：　　记账：　　出纳：　　制单：刘宇

图 2.92

4412322500　　**货物运输业增值税专用发票**　　No 244000510267

4412322500
244000510267　　　　发　票　联　　　　开票日期：2013 年 6 月 11 日

承运人及纳税人识别号	广东东莞安迪货运有限公司 44130026387008X	密码区	1754>00/7*19*47>9*4+687181074/5742 4/4738/*3/90+93>-0166/+624-45962628 8230*27/2*202/759-9+522+>-4>3-*55/ 105590>1/*><-9/-9/<0160>*5>98+71022
实际受票方及纳税人识别号	广东财经出版社 44038214596848X		
收货人及纳税人识别号	广东财经出版社 44038214596848X	发货人及纳税人识别号	广东财经出版社 44038214596848X
起运地、经由、到达地	东莞到全国		
费用项目及金额	费用项目：公路运输　金额：1 500.00　费用项目　金额	运输货物信息	
合计金额	¥1 500.00　税率 11%　税额 ¥165.00	机器编号	818090400014
价税合计（大写）	⊗壹仟陆佰陆拾伍元整	（小写）	¥1 665.00
车种车号	车船吨位		
主管税务机关及代码		备注	

收款人：甄古光　　复核人：甄古光　　开票人：梅婷婷　　承运人（章）：

第一联　发票联　受票方记账凭证

图 2.93

4412322500　　**货物运输业增值税专用发票**　　No 244000510267

4412322500
244000510267　　　　抵　扣　联　　　　开票日期：2013 年 6 月 11 日

承运人及纳税人识别号	广东东莞安迪货运有限公司 44130026387008X	密码区	1754>00/7*19*47>9*4+687181074/5742 4/4738/*3/90+93>-0166/+624-45962628 8230*27/2*202/759-9+522+>-4>3-*55/ 105590>1/*><-9/-9/<0160>*5>98+71022
实际受票方及纳税人识别号	广东财经出版社 44038214596848X		
收货人及纳税人识别号	广东财经出版社 44038214596848X	发货人及纳税人识别号	广东财经出版社 44038214596848X
起运地、经由、到达地	东莞到全国		
费用项目及金额	费用项目：公路运输　金额：1 500.00　费用项目　金额	运输货物信息	
合计金额	¥1 500.00　税率 11%　税额 ¥165.00	机器编号	818090400014
价税合计（大写）	⊗壹仟陆佰陆拾伍元整	（小写）	¥1 665.00
车种车号	车船吨位		
主管税务机关及代码		备注	

收款人：甄古光　　复核人：甄古光　　开票人：梅婷婷　　承运人（章）：

第二联　抵扣联　受票方抵扣凭证

图 2.94

现 金 支 出 凭 单　　　　第　　号

附件 1 张　　　　2013 年 12 月 11 日

对方科目编　号	

用　款
事　项：发货运输费
人民币
（大写）：壹仟陆佰陆拾伍元整　　现金付讫　　¥1 665.00

收款人（签章）　　主管人员　鲁欢（签章）　　会计人员　刘宇（签章）　　出纳员付　讫　梁好（签章）

图 2.95

【业务 7】12 月 16 日，缴纳 11 月税费（未登账），见图 2.96～图 2.98。

记　账　凭　证

日期：　2013 年 12 月 16 日　　　　第　　号

摘　要	总账科目	明细科目	借方金额											贷方金额											记账
			亿	千	百	十	万	千	百	十	元	角	分	亿	千	百	十	万	千	百	十	元	角	分	(√)
计提 11 月税费	应交税费	未交增值税						1	8	6	2	0	2												
	应交税费	应交城市维护建设税								8	4	1	0												
	应交税费	应交教育费附加								5	0	4	6												
	应交税费	应交所得税						3	8	0	0	0	0												
	银行存款																		5	7	9	6	5	8	
附单据 02 张	合计	⊗亿⊗仟⊗佰⊗拾⊗万伍仟柒佰玖拾陆元伍角捌分					¥	5	7	9	6	5	8					¥	5	7	9	6	5	8	

核准：　　复核：　　记账：　　出纳：梁好　　制单：刘宇

图 2.96

电子缴税凭证

填发日期：2013/12/16　　　　电子税票号：445006003151339689

纳税人代码：187658765321 纳税人全称：东莞虎门新世纪印刷厂 缴款账号：　4400177780805110298		征收机关：中心国库 开户银行：建行东莞市分行 国库：　　东莞市国家税务局虎门分局	
税种（品目名称）	预算科目　预算级次	税款所属时期	实缴金额
增值税	010119，30	20131101 — 20131130	1 682.02
金额合计	（大写）壹仟陆佰捌拾贰元零贰分		¥1 682.02
备注	第 1 次补制。 此凭证不得用于收取现金，仅作纳税人电子转账缴税凭证。		

中国建设银行股份有限公司 东莞虎门支行 2013.12.16 办讫章 （11）

主办：　　　　复核：　　　　经办：

图 2.97

电子缴税凭证

填发日期：2013/12/16　　　　电子税票号：3201310117682136

纳税人代码：19125687271 纳税人全称：东莞虎门新世纪印刷厂 缴 款 账 号：4400177780805110298		征收机关：中心国库 开户银行：建设银行东莞市分行 国　　库：东莞市地方税务局虎门税务分局	
税种（品目名称）	预算科目　预算级次	税款所属时期	实缴金额
城市维护建设税	1019，03	20131101 — 20131130	84.10
教育费附加收入	700300，03	20131101 — 20131130	50.46
企业所得税		20131101 — 20131130	3 800.00
金额合计	（大写）叁仟玖佰叁拾肆元伍角陆分		¥3 934.56
备注	第 1 次补制。 此凭证不得用于收取现金，仅作纳税人电子转账缴税凭证。		

中国建设银行股份有限公司 东莞虎门支行 2013.12.16 办讫章 （11）

主办：　　　　复核：　　　　经办：

图 2.98

【业务 8】12 月 20 日，车间主任杨明出差回来，结清所借差旅费（未登账），见图 2.99 和图 2.100（其他附件从略）。

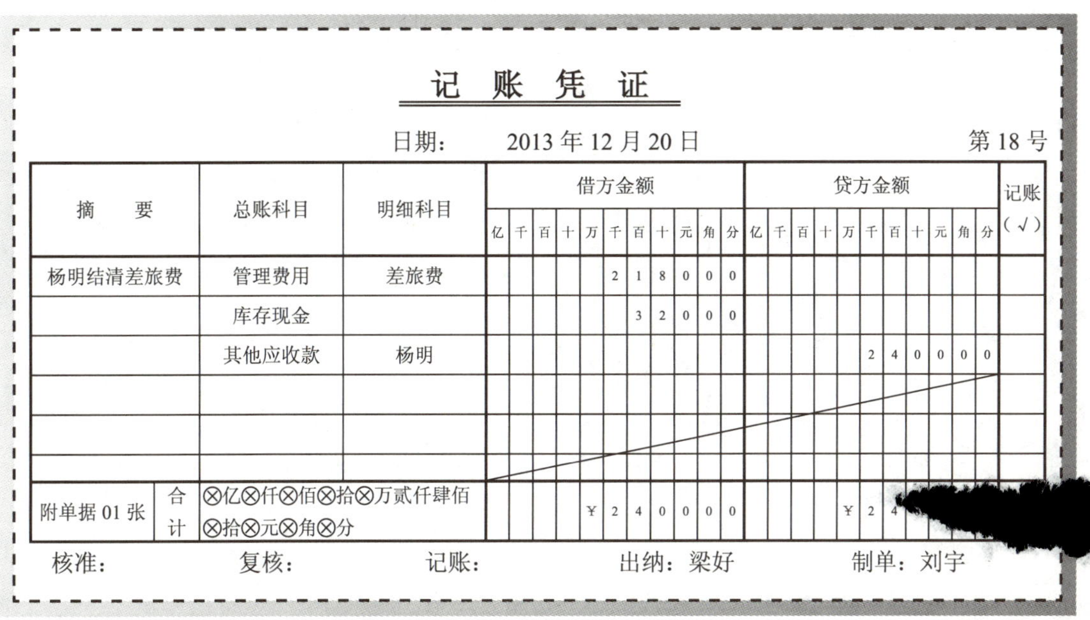

记　账　凭　证

日期：　2013 年 12 月 20 日　　　　第 18 号

摘　要	总账科目	明细科目	借方金额（亿千百十万千百十元角分）	贷方金额（亿千百十万千百十元角分）	记账（√）
杨明结清差旅费	管理费用	差旅费	2 1 8 0 0 0		
	库存现金		3 2 0 0 0		
	其他应收款	杨明		2 4 0 0 0 0	
附单据 01 张	合计	⊗亿⊗仟⊗佰⊗拾⊗万贰仟肆佰⊗拾⊗元⊗角⊗分	¥ 2 4 0 0 0 0	¥ 2 4 [illegible]	

核准：　复核：　记账：　出纳：梁好　制单：刘宇

图 2.99

差 旅 费 报 销 单

附件：5　张　　　　填报日期：2013 年 12 月 20 日

出差人	杨明	共 1 人	职务	车间主任	部门	生产车间	审批人	蔡艳
出差事由	召开关于生产安全及产品质量会议			出差起	自 2013 年 12 月 13 日起			
到达地点	北京			止日期	至 2013 年 12 月 15 日止共 3 天			

项目金额	交通工具					其他			住宿费	出差补助	
	火车	汽车	轮船	飞机	市内交通费	餐饮费	会议费	保险费	住宿 2 天	天数	金额
				1750.00	40.00	100.00		20.00	180.00	3	90.00

总计人民币（大写）贰仟壹佰捌拾元整		¥2 180.00
原借款金额	报销金额	交结余金额人民币（大写）叁佰贰拾元整　¥320.00
2 500.00	2 180.00	支超支金额人民币（大写）

负责人：蔡艳　会计主管：鲁欢　会计：刘宇　出纳员：梁好　出差人：杨明

图 2.100

【业务 9】12 月 31 日，汇总结转本月发生的制造费用（未登账），见图 2.101 和图 2.102。

记　账　凭　证

日期：　　2013 年 12 月 31 日　　　　第 31 号

摘　要	总账科目	明细科目	借方金额											贷方金额											记账
			亿	千	百	十	万	千	百	十	元	角	分	亿	千	百	十	万	千	百	十	元	角	分	（√）
结转制造费用	制造费用	水电费						5	0	0	0	0	0												
	制造费用	折旧费						3	8	6	8	8	9												
	制造费用	工资费						6	8	0	0	0	0												
	制造费用	福利费							9	5	2	0	0												
	制造费用	其他费用						2	2	4	0	0	0												
	生产成本	制造费用																1	8	8	6	0	8	0	
附单据 01 张	合计	⊗亿⊗仟⊗佰⊗拾壹万捌仟捌佰陆拾零元捌角⊗分					1	8	8	6	0	8	0					1	8	8	6	0	8	0	

核准：　　复核：　　记账：　　出纳：　　制单：刘宇

图 2.101

制造费用分配表

2013 年 12 月 31 日

分配对象（产品）	分配标准（实际工时）	分配率（单位成本）	分配金额（元）
小学六年级（下）语文教材			18 860.89
合计			18 860.89

财务主管：鲁欢　　审核：鲁欢　　制表：刘宇

图 2.102

2.2.3　任务要求

1）根据东莞虎门新世纪印刷厂 2013 年 12 月部分记账凭证及其相关的原始凭证，找出记账凭证存在的问题。

2）对审核后的记账凭证区别不同情况进行处理（注：需要使用记账凭证 10 张）。

单元 3

设置与登记会计账簿

任务 3.1　设置会计账簿

3.1.1　任务目的

练习各类账户的设置。

3.1.2　任务情景引例

东莞凯歌电子厂 2013 年 5 月账户期初余额见表 3.1。

表 3.1　账户期初余额

账户名称	期初余额				备　注
	总　账		明　细　账		
	借方金额	贷方金额	借方金额	贷方金额	
库存现金	5 442.50				
银行存款	168 333.21				
应收票据	77 152.32				
深圳市丽的电子有限公司			77 152.32		
应收账款	107 750.00				
珠海拓展电子有限公司			54 950.00		
东莞利乐电子测试配件有限公司			52 800.00		
原材料	55 559.50				
胶料			10 068.48		单价 132.48 元，数量 76kg
色母 812-1			14 222.26		单价 547.01 元，数量 26kg
色母 812-2			20 499.96		单价 525.64 元，数量 39kg
铜线			10 768.80		单价 102.56 元，数量 105kg
生产成本	78 185.00				
基本生产成本			78 185.00		其中： 直接材料 68 238.00； 直接人工 3 958.00； 制造费用 5 989.00

续表

账户名称	期初余额				备注
	总账		明细账		
	借方金额	贷方金额	借方金额	贷方金额	
库存商品	186 833.90				
电子线			186 833.90		单位成本 602.69 元，数量 310 轴
固定资产	708 070.00				
生产经营用固定资产			410 280.00		
非生产经营用固定资产			297 790.00		
累计折旧		122 868.29			
短期借款		30 000.00			
应付票据		18 000.00			
东莞日月电子配件有限公司				18 000.00	
应付账款		57 653.00			
新乡明盛胶料有限公司				38 963.00	
上海灿烂色料贸易有限公司				18 690.00	
应付职工薪酬		55 658			
应付福利费				28 800.00	
应付工资				26 858.00	
应交税费		5 048.33			
未交增值税				1 341.05	
应交所得税				3 600.00	
应交城市维护建设税				67.05	
应交教育费附加				40.23	
实收资本		641 709.17			
资本公积		158 782.64			
盈余公积		66 238.00			
法定盈余公积				51 000.00	
任意盈余公积				15 238.00	
本年利润		208 689.00			
利润分配		22 680.00			
未分配利润				22 680.00	
合计	1 387 326.43	1 387 326.43			

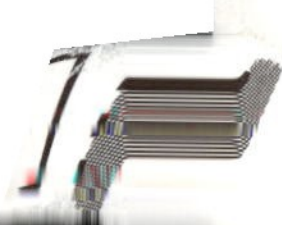

3.1.3 任务要求

根据以上资料开设总账、日记账、明细账等账簿，并登记期初余额（注：使用总账 30 个，日记账 2 个，三栏式明细账 25 个，数量金额式明细账 5 个，多栏式费用明细账 5 个，生产成本明细账 1 个，应交增值税明细账 1 个）。

任务 3.2　登记会计账簿

3.2.1　任务目的

掌握总账、各类明细账的登记方法，以及月末对账方法、结账方法。

3.2.2　任务情景引例

见单元 2 任务 2.1 的任务情景引例及练习答案。

3.2.3　任务要求

1)根据单元 2 任务 2.1 的任务情景引例资料及记账凭证,按照经济业务发生的时间顺序,逐日逐笔登记日记账。

2)根据单元 2 任务 2.1 的任务情景引例资料及记账凭证,按照经济业务发生的时间顺序,逐笔登记总账（注：在单元 3 任务 3.1 中未开设账户的，请按单元 2 任务 2.1 的任务情景引例资料开设）。

3）根据单元 2 任务 2.1 的任务情景引例资料及记账凭证，按照经济业务发生的时间顺序，逐日逐笔登记相关明细账，掌握总账与明细账之间的平行登记（注：在单元 3 任务 3.1 中未开设账户的，请按单元 2 任务 2.1 的任务情景引例资料开设）。

4）月末在全部经济业务记录入账的基础上核对账簿，编制“原材料”总账及其明细账核对表、“应收账款”总账及其明细账核对表、“应付账款”总账及其明细账核对表。相关账表见图 3.1 ～图 3.3。

________总分类账户与明细分类账户发生额及余额对照表

年　月　日

会计科目	期初余额		本期发生额		期末余额	
	借方	贷方	借方	贷方	借方	贷方

图 3.1

________总分类账户与明细分类账户发生额及余额对照表

年　月　日

会计科目	期初余额		本期发生额		期末余额	
	借方	贷方	借方	贷方	借方	贷方

图 3.2

________总分类账户与明细分类账户发生额及余额对照表

年　月　日

会计科目	期初余额		本期发生额		期末余额	
	借方	贷方	借方	贷方	借方	贷方

图 3.3

5）月末在保证账目正确的基础上进行月末结账。

6）编制东莞凯歌电子厂 2013 年 5 月的试算平衡表（2 张）。

任务 3.3　更正会计错账

3.3.1　任务目的

掌握错账更正的方法。

3.3.2　任务情景引例

东莞凯歌电子厂 2013 年 4 月发生的部分经济业务如下。

【业务 1】4 月 3 日，采购员林维立预借差旅费 2 000 元，以现金支付，但过账时误将“其他应收款”金额写为 200 元。相关凭证见图 3.4 和图 3.5。

提示

编制正确的付款凭证，编号为“现付 3 号”，并按题目要求错误过账。

借　款　单　　　　第　1　号

2013 年 4 月 3 日

借款单位：采购部				
借款理由：　上海出差采购				
借款数额：人民币（大写）　贰仟元整　　　　¥ 2 000.00				
付款方式：　现金				
单位负责人意见	会计主管核批	会计	出纳	借款人
同 意 欧阳辉煌	张彬	陈芳香	梁冬娴	林维立

图 3.4

现金支出凭单　　　　第　3　号

附件 1 张　　　　2013 年 4 月 3 日　　　　对方科目编号：

用款事项：预借差旅费

人民币（大写）：贰仟元整　　　　¥ 2 000.00

现金付讫

收款人	主管人员	会计人员	出纳员付讫
林维立（签章）	张彬（签章）	陈芳香（签章）	梁冬娴（签章）

图 3.5

【业务 2】4 月 7 日，上交上月应交营业税，但编制银行存款付款凭证时，误借记“其他应交款——应交教育费附加”账户，并已入账。相关凭证见图 3.6 和图 3.7。

提示

按题目要求编制错误的银行付款凭证第 3 号，并按错误入账。

电子缴税凭证

填发日期：2013/04/07　　　　电子税票号：2 3911944500600342

纳税人代码：187658765498 纳税人全称：东莞凯歌电子厂 缴 款 账 号：4400177780805110156		征收机关：中心国库 开户银行：中国建设银行东莞市分行 国　　库：东莞市地家税务局大岭山分局	
税种（品目名称）	预算科目　预算级次	税款所属时期	实缴金额
营业税		20130301 － 20130331	1 412.50
金额合计	（大写）壹仟肆佰壹拾贰元伍角整		¥1 412.50
备 注	此凭证不得用于收取现金，仅作纳税人电子转账缴税凭证。		

（印章：中国建设银行股份有限公司东莞大岭山支行 2013.04.07 办讫章 （11））

主办：　郭庆林　　　　复核：艾华　　　　经办：王伦维

图 3.6

中国建设银行支票存根（粤）

$\frac{A}{2}\frac{G}{1}$ 65301287

附加信息

出票日期：2013 年 04 月 07 日

收款人：东莞市地家税务局大岭山分局
金　额：¥1 412.50
用　途：上交营业税

单位主管 张彬　　会计 陈芳香

图 3.7

【业务 3】4 月 11 日，林维立出差归来，报销差旅费 1448 元。会计发现 4 月 3 日借款的账错误，请予更正。同时编制报销差旅费的转账凭证第 9 号及现金收款凭证第 1 号，并据以入账。相关凭证见图 3.8 ～图 3.11。

差旅费报销单

附件：3　张　　　　　　　　填报日期：　2013 年 4 月 11 日

出　差　人	林维立	共　1　人	职　务	采购员	部门	采购部	审批人	欧阳辉煌
出差事由	洽谈业务			出差起止日期	自 2013 年 4 月 4 日起 至 2013 年 4 月 10 日止共 7 天			
到达地点	上海							

项目金额	交通工具					其　他			住宿费	出差补助	
	火车	汽车	轮船	飞　机	市内交 通费	餐饮费	会议费	保险费	住宿 4 天	天数	金　额
	758.00								480.00	7	210.00
总计人民币（大写）壹仟肆佰肆拾捌元整									￥1 448.00		

原借款金额	报销金额	交结余金额人民币（大写）伍佰伍拾贰元整	￥552.00
2 000.00	1 448.00	支超支金额人民币（大写）	￥

负责人：欧阳辉煌　　会计主管：张彬　　会计：陈芳香　　出纳员：梁冬娴　出差人：林维立

图 3.8

074390　　　　　　　　　　　　　　　　　广 A （售）

广州 ______ 上海　　　　　　　　　　T48 次

2013 年 04 月 04 日 09:14 开　13 车 07 号中

全价 379.00 元　　　　　　　　新空调硬座特快卧

限乘当日次车

在 3 日内到有效

44567356829198348743713292893859567652362534834465783010

图 3.9

390074 沪T 售

上海 ______ 广州 T47次

2013年04月09日10:20开 10车10号中

全价379.00元 新空调硬座特快卧

限乘当日次车

在3日内到有效

82919834874371329289356445676573483448301038595676523625

图3.10

上海市服务业、娱乐业、文化体育专用发票

发 票 联

税务登记号：331004401088020204　　发票代码：214021100067

收款单位：上海冠生园宾馆　　发票号码：85189708

付款单位：东莞凯歌电子厂　　信 息 码：0205201406

经营项目	金　额
住宿费	￥480．00
金额合计（人民币大写）肆佰捌拾元整	
机打票号：885201406020518970 税控装置防伪码：A634053E8149943	税控装置号：2400000166 开票日期：2013年04月09日

收款单位（盖章有效）　　税控装置打印发票手开无效

图3.11

【业务4】4月15日，发现4月7日上交营业税的凭证及账簿错误，请予更正。同时，编制上交营业税的银行付款凭证第5号，并据以入账。

提示

编制更正凭证并据以入账，更正错误凭证编号为银付第4号。

【业务 5】4 月 23 日，收到银行进账通知，收到广州新大新百货公司交来的销货款 37 220 元。但在编制记账凭证时将金额误写为 32 720 元，并已入账。相关凭证见图 3.12。

提示

以错误金额编制银收第 1 号凭证并入账。

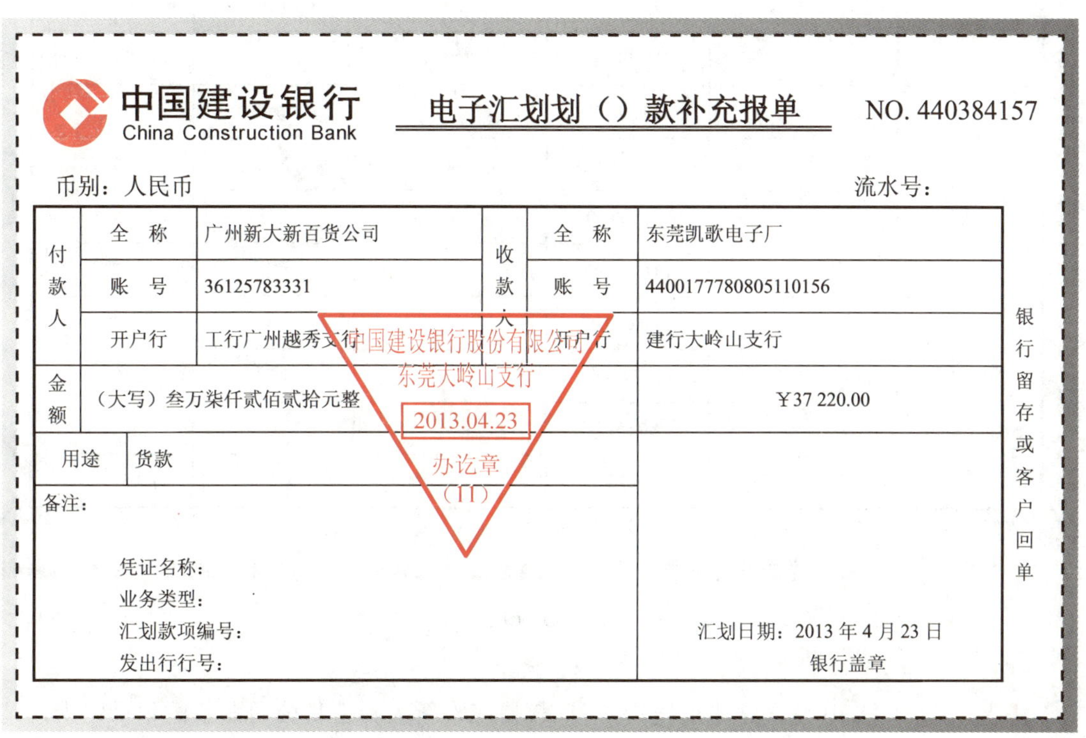

中国建设银行 China Construction Bank　　电子汇划划（）款补充报单　　NO. 440384157

币别：人民币　　流水号：

付款人	全　称	广州新大新百货公司	收款人	全　称	东莞凯歌电子厂
	账　号	36125783331		账　号	44001777808051101 56
	开户行	工行广州越秀支行		开户行	建行大岭山支行
金额	（大写）叁万柒仟贰佰贰拾元整				￥37 220.00
用途	货款				
备注： 凭证名称： 业务类型： 汇划款项编号： 发出行行号：					汇划日期：2013 年 4 月 23 日 银行盖章

银行留存或客户回单

图 3.12

【业务 6】4 月 30 日，计提本月固定资产折旧 3 550.29 元，其中生产部门 2 149.21 元，行政管理部门 976.33 元，销售部门 424.75 元，但编制转账凭证时，误将生产部门折旧金额写为 2 194.21 元，并已入账。相关凭证见图 3.13。

提示

按题目要求以错误金额编制转账凭证第 20 号，并据以入账。

固定资产折旧计算表

2013 年 4 月 30 日

使用部门	固定资产类别	月初应计折旧固定资产原值	预计使用期间（月）	月折旧率（%）	月折旧额（元）
生产车间	车间厂房	280 000.00	240	0.40	1 120.00
	车间机器设备	130 280.00	120	0.79	1 029.21
	小计	410 280.00			2 149.21
管理部门	办公用房屋	200 000.00	240	0.40	800.00
	电脑、打印机	8 560. 00	60	1.58	135.25
	税控机	2 600.00	60	1.58	41.08
	小计	211 160.00			976.33
销售部门	销售用房屋	80 000.00	240	0.40	320.00
	电脑、打印机	6 630.00	60	1.58	104.75
	小计	86 630.00			424.75
合　计		708 070.00			3 550.29

财务主管：张彬　　审核：张彬　　制表：陈芳香

图 3.13

【业务 7】4 月 30 日，结账前发现 4 月 23 日应收新大新百货公司账款的记录错误，请予更正。

提示

编制银收第 2 号凭证更正，并入账。

【业务 8】4 月 30 日，结账前，发现 4 月 30 日计提折旧的有关记录错误，请予更正。

提示

编制转字第 23 号凭证更正，并入账。

3.3.3　任务要求

根据以上资料编制有关记账凭证，并登记总分类账（日记账、明细账从略），相关账表见图 3.14 ～图 3.23。

其他应收款　　　总账

年		凭证号数	摘要	借方										贷方										借或贷	余额									
月	日			千	百	十	万	千	百	十	元	角	分	千	百	十	万	千	百	十	元	角	分		千	百	十	万	千	百	十	元	角	分
4	1		月初余额																					借					3	0	0	0	0	0

图 3.14

其他应交款　　　总账

年		凭证号数	摘要	借方										贷方										借或贷	余额									
月	日			千	百	十	万	千	百	十	元	角	分	千	百	十	万	千	百	十	元	角	分		千	百	十	万	千	百	十	元	角	分
4	1		月初余额																					贷					1	6	7	0	0	0

图 3.15

应交税费　　总账

年		凭证号数	摘要	借方										贷方										借或贷	余额									
月	日			千	百	十	万	千	百	十	元	角	分	千	百	十	万	千	百	十	元	角	分		千	百	十	万	千	百	十	元	角	分
4	1		月初余额																					贷				1	3	6	4	0	0	0

图 3.16

应收账款　　总账

年		凭证号数	摘要	借方										贷方										借或贷	余额									
月	日			千	百	十	万	千	百	十	元	角	分	千	百	十	万	千	百	十	元	角	分		千	百	十	万	千	百	十	元	角	分
4	1		月初余额																					借				9	3	7	8	5	0	0

图 3.17

累计折旧　总账

年		凭证号数	摘要	借方										贷方										借或贷	余额									
月	日			千	百	十	万	千	百	十	元	角	分	千	百	十	万	千	百	十	元	角	分		千	百	十	万	千	百	十	元	角	分
4	1		月初余额																					贷			1	0	1	5	7	9	0	0

图 3.18

制造费用　总账

年		凭证号数	摘要	借方										贷方										借或贷	余额									
月	日			千	百	十	万	千	百	十	元	角	分	千	百	十	万	千	百	十	元	角	分		千	百	十	万	千	百	十	元	角	分

图 3.19

管理费用　　总账

年		凭证号数	摘要	借方										贷方										借或贷	余额									
月	日			千	百	十	万	千	百	十	元	角	分	千	百	十	万	千	百	十	元	角	分		千	百	十	万	千	百	十	元	角	分
4	1	现付1	购买办公用品						5	2	7	0	0											借						5	2	7	0	0

图 3.20

销售费用　　总账

年		凭证号数	摘要	借方										贷方										借或贷	余额									
月	日			千	百	十	万	千	百	十	元	角	分	千	百	十	万	千	百	十	元	角	分		千	百	十	万	千	百	十	元	角	分
4	2	现付2	支付销货运费						5	4	0	0	0											借						5	4	0	0	0
4	3	银付1	支付广告费				5	4	0	0	0	0	0											借				5	4	5	4	0	0	0

图 3.21

库存现金　　　总账

年		凭证号数	摘　要	借　方										贷　方										借或贷	余　额									
月	日			千	百	十	万	千	百	十	元	角	分	千	百	十	万	千	百	十	元	角	分		千	百	十	万	千	百	十	元	角	分
4	1		月初余额																					借					6	2	2	1	0	0
4	1	现付 1	购买办公用品																5	2	7	0	0	借					5	6	9	3	0	0
4	2	现付 2	支付销货运费																5	4	0	0	0	借					5	4	6	3	0	0

图 3.22

银行存款　　　总账

年		凭证号数	摘　要	借　方										贷　方										借或贷	余　额									
月	日			千	百	十	万	千	百	十	元	角	分	千	百	十	万	千	百	十	元	角	分		千	百	十	万	千	百	十	元	角	分
4	1		月初余额																					借			2	3	6	7	9	0	0	0
4	3	银付 1	支付广告费														5	4	0	0	0	0	0	借			1	8	2	7	9	0	0	0
		银付 2	支付购货款														7	5	2	0	0	0	0	借			1	0	7	5	9	0	0	0

图 3.23

单元 4 编制会计报表

任务 4.1　编制利润表

4.1.1　任务目的

练习利润表的编制。

4.1.2　任务情景引例

达健电磁炉厂 2013 年 12 月损益类账户资料见表 4.1。

表 4.1　损益类账户资料

账户名称	本月发生额	1～11 月累计发生额
主营业务收入	156 811	1 725 300
主营业务成本	83 200	915 710
营业税金与附加	6 900	76 265
其他业务收入	33 920	373 245
其他业务成本	27 145	298 596
管理费用	26 500	291 518
销售费用	19 000	210 120
财务费用	3 187	35 060
营业外收入	17 188	189 000
营业外支出	2 989	320 000
所得税费用	1 287.50	25 746.25

4.1.3　任务要求

根据以上资料填制利润表（本月数），见图 4.1。

利 润 表

会企 02 表

编制单位：　　　　　　　　______年______月　　　　　　　　单位：元

项　　目	本期金额	上期金额
一、营业收入		
减：营业成本		
营业税金及附加		
销售费用		
管理费用		
财务费用		
资产减值损失		
加：公允价值变动收益（损失以“—”号填列）		
投资收益（损失以“—”号填列）		
其中：对联营企业和合营企业的投资收益		
二、营业利润（亏损以“—”号填列）		
加：营业外收入		
减：营业外支出		
其中：非流动资产处置损失		
三、利润总额（亏损总额以“—”号填列）		
减：所得税费用		
四、净利润（净亏损以“—”号填列）		
五、每股收益：		
（一）基本每股收益		
（二）稀释每股收益		

图 4.1

任务 4.2　编制资产负债表

4.2.1　任务目的

练习资产负债表的编制。

4.2.2　任务情景引例

达健电磁炉厂 2013 年 12 月账户余额资料见表 4.2。

表 4.2　账户余额资料

2012 年 12 月 31 日

科目名称	年初资产类账户余额	本月资产类账户余额	科目名称	年初权益类账户余额	本月权益类账户余额
库存现金	18 000	20 000			
银行存款	320 000	400 000			
其他货币资金	50 000	30 000			
			短期借款	280 000	280 000
			应付票据	120 000	50 000
应收票据	210 000	130 000	应付账款	200 000	488 000
应收账款	400 000	400 000	启立公司	− 200 000	600 000
泰龙公司	100 000	600 000	伟业公司	400 000	− 112 000
凡达公司	300 000	− 200 000	应付职工薪酬	427 000	349 000
其他应收款	150 000	40 000	应付股利	281 000	328 000
坏账准备	50 000	− 20 000	应交税费	56 200	103 000
原材料	420 000	560 000	其他应付款	12 000	8 000
生产成本	26 000	40 000			
库存商品	230 000	290 000	长期借款	—	300 000
			实收资本	1 000 000	1 000 000
			资本公积	367 000	367 000
固定资产	1 486 000	1 486 000	盈余公积	196 200	218 000
累计折旧	–59 400	− 116 000	利润分配		
工程物资	—	24 000	未分配利润	700 000	338 000
在建工程	—	325 000			
无形资产	220 000	220 000			
合 计	3 639 400	3 829 000	合 计	3 639 400	3 829 000

4.2.3　任务要求

根据以上资料填制资产负债表，见图 4.2。

资产负债表

会企01表

编制单位：　　　　　　　　　　＿＿年＿＿月＿＿日　　　　　　　　　　单位：元

资　　产	期末余额	年初余额	负债和所有者权益（或股东权益）	期末余额	年初余额
流动资产：			流动负债：		
货币资金			短期借款		
交易性金融资产			交易性金融负债		
应收票据			应付票据		
应收账款			应付账款		
预付款项			预收款项		
应收利息			应付职工薪酬		
应收股利			应交税费		
其他应收款			应付利息		
存货			应付股利		
一年内到期的非流动资产			其他应付款		
其他流动资产			一年内到期的非流动负债		
流动资产合计			其他流动负债		
非流动资产：			流动负债合计		
可供出售金融资产			非流动负债：		
持有至到期投资			长期借款		
长期应收款			应付债券		
长期股权投资			长期应付款		
投资性房地产			专项应付款		
固定资产			预计负债		
在建工程			递延所得税负债		
工程物资			其他非流动负债		
固定资产清理			非流动负债合计		
生产性生物资产			负债合计		
油气资产			所有者权益（或股东权益）：		
无形资产			实收资本（或股本）		
开发支出			资本公积		
商誉			减：库存股		
长期待摊费用			盈余公积		
递延所得税资产			未分配利润		
其他非流动资产			所有者权益（或股东权益）合计		
非流动资产合计					
资产合计			负债和所有者权益（或股东权益）总计		

图 4.2

单元 5
科目汇总表账务处理程序的应用

5.1.1 任务目的

掌握科目汇总表账务处理程序的具体操作过程。

5.1.2 任务情景引例

1. 公司概况

1）企业名称：广州市锦绣汽车用品有限公司。

2）营业地址：广州市泰南路 168 号（该营业地址为租用形式）。

3）电话：020-33187012。

4）法人代表：高清。

5）注册资金：壹佰万元（公司由高清与王宏共同出资，各投入资本人民币伍拾万元整）。

6）企业类型：有限责任公司。

7）税务代码：1230789。

8）纳税人登记号：440102340240567。

9）经营范围：汽车用品的生产、加工、销售业务。

10）开户银行：工商银行广州市石井路支行。

11）银行账号：3450-1289。

12）其他：公司于 2002 年 1 月 1 日开业，营业时间为 10:00 ～ 21:30。

13）企业所得税税率：25%。

2. 组织机构及主要负责人

（1）组织机构图

广州市锦绣汽车用品有限公司组织机构见图 5.1。

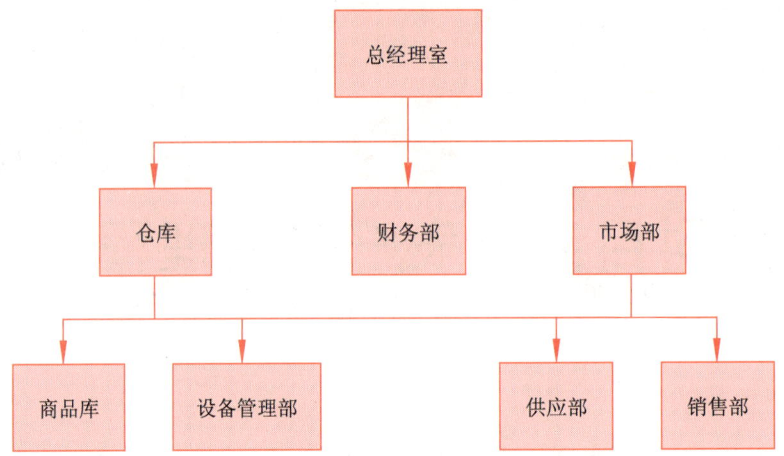

图 5.1　广州市锦绣汽车用品有限公司组织机构

（2）主要负责人

主要负责人的职务、姓名及工作职责见表 5.1。

表 5.1　主要负责人的职务、姓名及工作职责

职　务	姓名	工 作 职 责
总经理	高清	负责公司的全面经营管理工作，具体分管财务部和仓库等部门，并负责制定公司各项财务规章制度，编制经费预算、决算及报表和分析，参与有关的经济合同、协议等文件的拟定及审查
副总经理	王宏	主要负责公司采购、销售方面的管理工作。具体分管供应部和销售部等部门，并负责会计凭证的审核、科目汇总表的编制、总账的登记
出　纳	李燕	主要负责办理现金、银行存款出纳业务，对库存现金、各种支票的安全完整、现金及银行收付的准确性负责；负责登记现金日记账和银行存款日记账；负责工资结算汇总表的编制
会　计	黄馨	主要负责全部记账凭证的填制、其他业务的日常核算及库存商品往来收入、费用的明细账的登记、纳税申报和编制会计报表及开具各种发票等工作
保管员	武军	负责库存商品的收、发、存的实物管理

（3）其他会计事项

1）分析、处理原始凭证。经济业务全部以原始凭证来描述；从分析原始凭证着手，了解每项经济业务的全貌。

2）填制自制原始凭证（全部或部分内容）。

3）编制记账凭证。根据原始凭证及其附件，编制记账凭证（通用记账凭证）。

4）登账。根据记账凭证及其附件，逐日逐笔登记现金日记账和银行存款日记账；根据记账凭证及附件，逐笔登记各类明细分类账；按上旬、下旬编制科目汇总表，根据科目汇总表登记总账。

5）结账。期末结出有关账户的发生额及余额，并进行总账余额试算平衡。

6）编制会计报表。编制资产负债表、利润表。

7）装订记账凭证。按月装订。

3. 会计工作组织及账务处理程序

1）企业会计工作组织形式采用集中核算形式。记账方法采用借贷记账法，账务处理采用科目汇总表账务处理程序，每月按上旬、下旬定期汇总，据以登记总分类账，见图5.2。

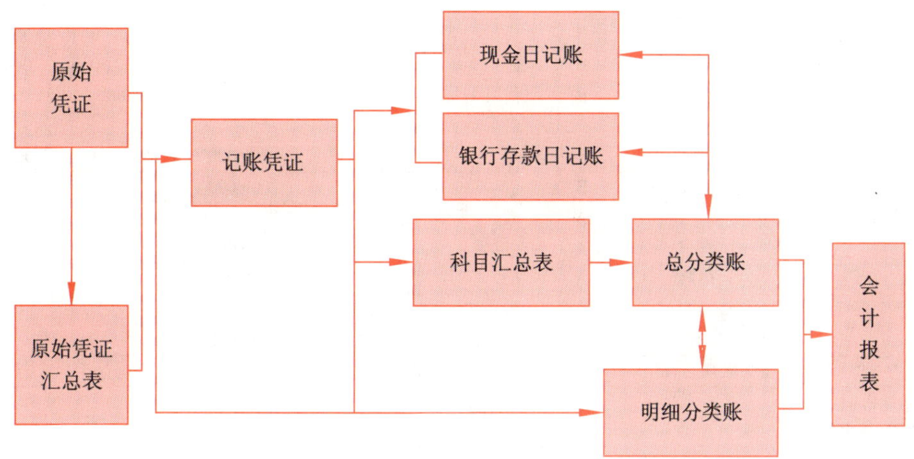

图5.2 科目汇总表账务处理程序

2）企业记账凭证采用通用记账凭证格式。

3）企业根据《企业会计制度》规定，开设总分类账、明细分类账及日记账。总分类账及日记账一律采用“借方”、“贷方”和“余额”三栏式账簿；明细分类账根据需要分别选用三栏式、数量金额式、多栏式、横线登记式等格式账页。

4）企业统一按规定编制资产负债表、利润表。

4. 广州市锦绣汽车用品有限公司2013年1月初各类账户余额

广州市锦绣汽车用品有限公司2013年1月初各类账户余额见表5.2。

表5.2 账户余额表

2013年1月1日

总账	明细账格式		借或贷	余额		备注
				总账	明细账	
库存现金		R	借	60 000	60 000	
银行存款			借	300 000		
	基本户	R	借		300 000	
应收票据			借	35 000		
	深圳红光公司	A	借		35 000	
应收账款			借	400 000		
	广州天籁公司	A	借		250 000	
	广州兴化工厂	A	借		150 000	

续表

总　账	明细账格式		借或贷	余　额		备　注
				总　账	明　细　账	
原材料			借	114 000		
	机箱	B	借		45 000	@15 元，3 000 套
	铝材	B	借		41 800	@2 200 元，19 吨
	纸箱	B	借		8 100	@2.70 元，3 000 个
	泡沫	B	借		12 500	@2.50 元，5 000 对
	电位器	B	借		6 600	@0.60 元，11 0 00 个
库存商品			借	800 000		
	汽车功放 A 型	B	借		200 000	@200 元，1 000 台
	汽车功放 B 型	B	借		600 000	@400 元，1 500 台
固定资产		A	借	123 000		
	汽车	A	借		120 000	
	电脑	A	借		3 000	
无形资产			借	45 000		
	专利技术	A	借		45 000	
借方余额合计				1 877 000	1 877 000	
累计折旧		A	贷	37 800	37 800	
短期借款			贷	140 000		
	流动资金借款	A	贷		140 000	
应付账款			贷	100 000		
	东莞利华公司	A	贷		40 000	
	广州华安公司	A	贷		60 000	
应付票据			贷	60 000		
	广州黄边工厂	A	贷		60 000	
应付职工薪酬	应付工资	A	贷			
	应付福利费	A	贷			
应付股利		A	贷	50 000	50 000	
应交税费			贷	44 200		
	应交城建税	A	贷		16 940	
	应交所得税	A	贷		20 000	
	应交教育费附加	A	贷		7 260	
实收资本			贷	1 000 000		
	高清	A	贷		500 000	
	王宏	A	贷		500 000	
盈余公积			贷	300 000		
	法定盈余公积	A	贷		200 000	
	任意盈余公积	A	贷		100 000	
利润分配			贷	145 000		
	提取法定盈余公积	A	贷			
	提取任意盈余公积	A	贷			
	应付股利	A	贷			
	未分配利润	A	贷		145 000	
贷方余额合计				1 877 000	1 877 000	

注：R 表示日记账；A 表示三栏式明细账；B 表示数量金额式明细账；C 表示多栏式明细账；@ 表示单位成本。

5. 广州市锦绣汽车用品有限公司 1 月发生的经济业务

广州市锦绣汽车用品有限公司 1 月发生以下 39 笔经济业务，相关凭证见图 5.3～图 5.80。

【业务 1】

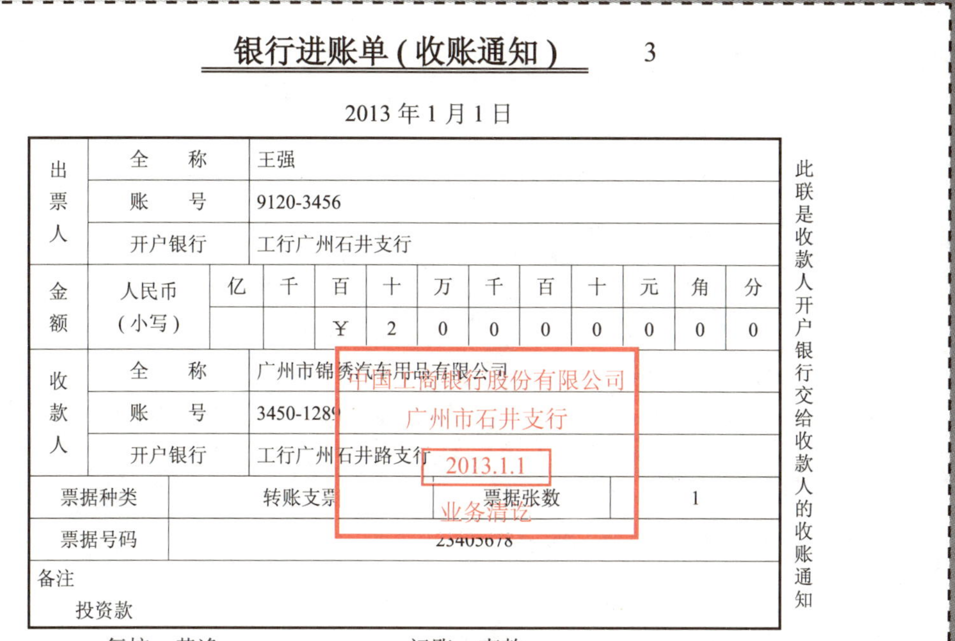

银行进账单（收账通知）　3

2013 年 1 月 1 日

出票人	全　称	王强										
	账　号	9120-3456										
	开户银行	工行广州石井支行										
金额	人民币（小写）	亿	千	百	十	万	千	百	十	元	角	分
				¥	2	0	0	0	0	0	0	0
收款人	全　称	广州市锦绣汽车用品有限公司										
	账　号	3450-1289										
	开户银行	工行广州石井路支行										
票据种类	转账支票		票据张数	1								
票据号码	23405678											
备注 投资款												

此联是收款人开户银行交给收款人的收账通知

中国工商银行股份有限公司 广州市石井支行 2013.1.1 业务清讫

复核：黄净　　　　记账：李乾

图 5.3

出 资 协 议

广州市锦绣汽车用品有限公司因经营需要追加资本 200 000 元，广州市工商行政管理局已于 2012 年 12 月 20 日核准（工商字第 160 号）。

根据广信会计师事务所马明 2013 年 1 月 1 日签署的［广会所］字第 10 号验资报告，王强应依合同一次缴付增加的注册资本人民币贰拾万元整（¥200 000.00），截止至 2013 年 1 月 1 日已全部缴足，出资方为货币资金。

特此证明

投资方（盖章）　　　　受资方（盖章）高清

2013 年 1 月 1 日　　　　2013 年 1 月 1 日

图 5.4

【业务 2】

地

中华人民共和国
税收通用缴款书

（2013-2）粤地 1205678901 号

隶属关系：其他单位

注册类型：有限责任公司　　填发日期：2013 年 1 月 1 日　　征收机关：广州地税白云征收管理分局

缴款单位（人）	代码	1230789　电话 020-33187012	预算科目	编码	1501
	全称	广州市锦绣汽车用品有限公司		名称	城建税
	开户银行	工行广州市石井路支行		级次	
	账号	3450-1289	收缴国库		工行广州市石井支行 33010212345007890345

税款所属时期 2012 年 12 月 1 日至 2012 年 12 月 31 日　　税款限缴日期 2013 年 1 月 1 日

品目名称	课税数量	计税金额或销售收入	税率或单位税额	已缴或扣除额	亿	千	百	十	万	千	百	十	元	角	分
城建税		242 000	7%						1	6	9	4	0	0	0
教育费附加		242 000	3%							7	2	6	0	0	0
金额合计（大写）亿　仟　佰⊗拾贰万肆仟贰佰零拾零元零角零分								¥	2	4	2	0	0	0	0

缴款单位（人）（盖章） 经办人（章）	税务机关（盖章） 填票人（章） 李伟山	上列款项已收妥并划转收款单位账户 国库（银行）盖章 2013 年 1 月 1 日	备注：

逾期不缴 按税法规定加收滞纳金

第一联（收据）国库（经收处）收款盖章后退缴款单位（人）作完税凭证

图 5.5

中华人民共和国
税收通用缴款书

(国)

（2013-2）粤国 1212345678 号

隶属关系：其他单位

注册类型：有限责任公司 填发日期：2013 年 1 月 1 日 征收机关：广州国税白云征收管理分局

缴款单位（人）	代码	1230789	电话	020-33187012	预算科目	编码	1101
	全称	广州市锦绣汽车用品有限公司				名称	所得税
	开户银行	工行广州市石井路支行				级次	
	账号	3450-1289			收缴国库		工行广州市石井支行 33010212345007890123
税款所属时期 2012 年 12 月 1 日至 2012 年 12 月 31 日					税款限缴日期 2013 年 1 月 1 日		

品目名称	课税数量	计税金额或销售收入	税率或单位税额	已缴或扣除额	亿	千	百	十	万	千	百	十	元	角	分
所得税			25%						2	0	0	0	0	0	0
金额合计（大写）亿 仟⊗佰贰拾零万零仟零佰零拾零元零角零分								¥	2	0	0	0	0	0	0

缴款单位（人）（盖章）经办人（章）	税务机关（盖章）填票人（章）马飞	上列款项已收妥并划转收款单位账户 国库（银行）盖章 2013 年 1 月 1 日	备注：

逾期不缴 按税法规定加收滞纳金

第一联（收据）国库（经收处）收款盖章后退缴款单位（人）作完税凭证

图 5.6

【业务 3】

请借款人认真阅读本合同，尤其是带有***符号的条款，在确认无异议后签署本合同。

中 国 工 商 银 行 借 款 合 同

（中 / 短期流动资金贷款）

穗工银 2013 年流贷字 12034056 号

借　款　人：广州市锦绣汽车用品有限公司
住　　　所：广州市泰南路 168 号
法定代表人：高清
贷　款　人：工商银行广州市分行石井（支）行
地　　　址：广州市石井路 1000 号

鉴于借款人向贷款人申请流动资金贷款，根据中华人民共和国有关法律、法规及其他有关规定，借款人与贷款人双方协商一致，特订立本合同。

第一条　贷　款

1.1 币种人民币。

1.2 金额（大写金额）叁拾万元整，借款人所欠本金的实际金额以贷款人出具的会计凭证为准。

1.3 期限：玖个月（年 / 月），自 2013 年 1 月 1 日至 2013 年 9 月 30 日。

1.4 利率：6%。

1.5 本合同项下的贷款仅限用于资金周转。借款人不得将本合同项下的贷款挪作他用。

（略）

图 5.7

中国工商银行借款凭证

账别：人民币　　　　2013 年 1 月 1 日　　　　贷款种类：流动资金贷款

<table>
<tr><td rowspan="3">借款人</td><td>全 称</td><td colspan="6">广州市锦绣汽车用品有限公司</td><td rowspan="3">收款人</td><td>全 称</td><td colspan="6">广州市锦绣汽车用品有限公司</td><td rowspan="6">第四联 客户回单</td></tr>
<tr><td>账 号</td><td colspan="6">1230-1289</td><td>账 号</td><td colspan="6">3450-1289</td></tr>
<tr><td>开户行</td><td colspan="6">中国工商银行广州市石井支行</td><td>开户行</td><td colspan="6">中国工商银行广州市石井支行</td></tr>
<tr><td rowspan="2">大写金额</td><td rowspan="2" colspan="2">（人民币）叁拾万元整</td><td>亿</td><td>千</td><td>百</td><td>十</td><td>万</td><td>千</td><td>百</td><td>十</td><td>元</td><td>角</td><td>分</td></tr>
<tr><td></td><td></td><td>¥</td><td>3</td><td>0</td><td>0</td><td>0</td><td>0</td><td>0</td><td>0</td><td>0</td></tr>
<tr><td colspan="4">委托你行将上述贷款金额转存 / 支付
3450-1289 存款户
借款人（签章）
2013 年 1 月 1 日</td><td colspan="6">业务主管：刘星
经 办 人：高晴
信贷部门（盖章）
年　月　日</td><td colspan="6">合同号：12034056</td></tr>
</table>

广州市锦绣汽车用品有限公司　税号：440102340240567　发票专用章

中国工商银行股份有限公司　广州市石井支行　2013.1.1　票据受理专用章(5)（收妥抵用）

中国工商银行股份有限公司　广州市石井支行　2013.1.1　业务清讫

图 5.8

【业务 4】

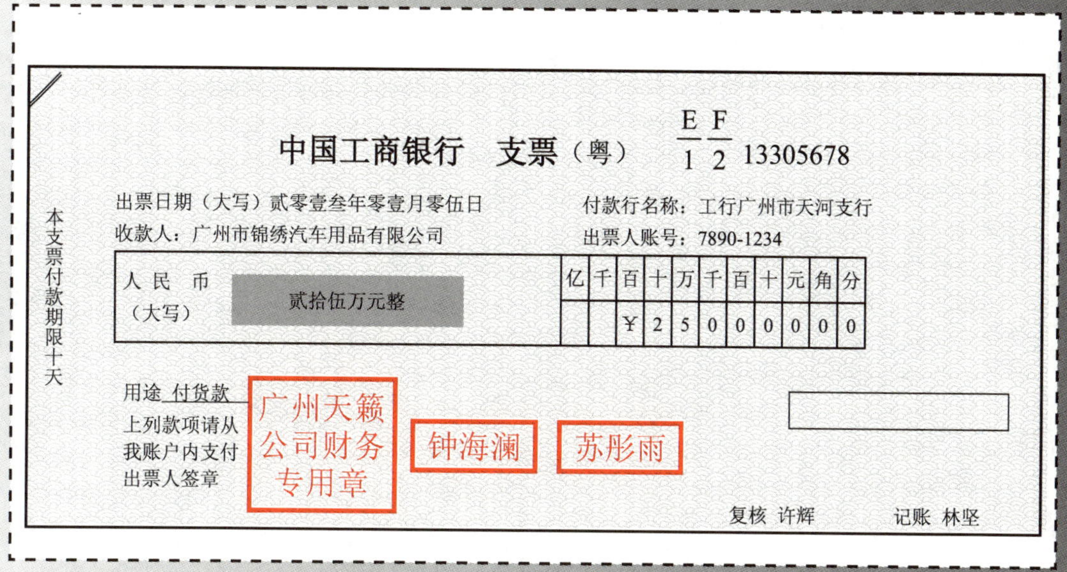

中国工商银行 支票（粤） EF/12 13305678

本支票付款期限十天

出票日期（大写）贰零壹叁年零壹月零伍日　　付款行名称：工行广州市天河支行

收款人：广州市锦绣汽车用品有限公司　　出票人账号：7890-1234

人民币（大写）	亿	千	百	十	万	千	百	十	元	角	分
贰拾伍万元整			¥	2	5	0	0	0	0	0	0

用途 付货款

上列款项请从我账户内支付

出票人签章　广州天籁公司财务专用章　钟海澜　苏彤雨

复核 许辉　　记账 林坚

图 5.9

银行进账单（收账通知）　3

2013 年 1 月 5 日

出票人	全称	广州天籁公司										
	账号	7890-1234										
	开户银行	工行广州市天河支行										
金额	人民币（小写）	亿	千	百	十	万	千	百	十	元	角	分
				¥	2	5	0	0	0	0	0	0
收款人	全称	广州市锦绣汽车用品有限公司										
	账号	3450-1289										
	开户银行	工行广州市石井支行										
票据种类		转账支票		票据张数		壹						
票据号码		13305678										
备注：												

中国工商银行股份有限公司 广州市石井支行 2013.1.5 业务清讫

此联是收款人开户银行交给收款人的收账通知

复核：黄净　　记账：李乾

图 5.10

【业务 5】

国税　　**广东省广州市商品销售发票**　　0100012345

发 票 联　　1204-4567890

(185143-1670201)

顾客名称：广州市锦绣汽车用品有限公司　开户银行：工行广州市石井支行

地　　址：广州市泰南路 168 号　　账　　号：3450-1289　　2013 年 1 月 7 日填发

货品名称及规格	件数	单位	数量	单价	超过仟元无效	金额 千	百	十	元	角	分
A4 打印纸		包	50	40		2	0	0	0	0	0
钢 笔		支	100	10		1	0	0	0	0	0
合计人民币	(大写)⊗叁仟零佰零拾零元零角零分				合计	3	0	0	0	0	0

填票：陈虹　　收款人：赖东来　　业户名称及地址(盖章)：

图 5.11

中国工商银行支票存根（粤）

$\frac{E}{2}\frac{D}{5}$ 12304680

附加信息

出票日期：2013 年 1 月 7 日

收款人：广州市福乐百货有限公司
金　额：￥3 000.00
用　途：购买办公用品

单位主管　高清　　会计　黄馨

图 5.12

办公用品领用申请单

2009年1月7日　　　　编号：1

领用部门	办公室	领用人	张力	用途	办公用		
物品名称	单价	数量	金额	物品名称	单价	数量	金额
A4打印纸	40	50	2 000.00				
钢 笔	10	100	1 000.00				
合 计			￥3 000.00				
审批人	王 宏			发货人	武 军		

图5.13

【业务6】

借　款　单（正联）

（财务作记账凭证）

借款科室	办公室	借款经手人	武建军
借款用途	深圳 调研	借款时间	2013年1月8日
		报销还款 时　间	
借款金额	（大写）⊗万叁仟零佰零拾零元　￥3 000.00		
借款科室 负责人意见	同意　王宏		
负责人意见	同意　高清		
备注			

财务主管：高清　　　　会计：黄馨　　　　出纳：李燕

图5.14

现金支出凭单

第 1 号

附件 1 张　　　　2013 年 1 月 8 日

对方科目编号	

用款事项：预借差旅费　　　　现金付讫

人民币（大写）：叁仟元整　　　　¥ 3 000.00

收款人	主管人员　高清	会计人员　黄馨	出纳员付讫　李燕
（签章）武建军	（签章）	（签章）	（签章）

图 5.15

【业务 7】

广东增值税专用发票

（全国统一发票监制章　广东省　国家税务局监制）

抵扣联　　　　No. 01234367

开票日期：2013 年 1 月 10 日

购货单位	名称：广州市锦绣汽车用品有限公司 纳税人识别号：440102340240567 地址、电话：泰南路 168 号 (020)3318×××× 开户银行及账号：工行广州市石井支行 3450-1289	密码区	（略）				
货物或应税劳务名称	规格型号	单位	数量	单价	金额	税率	税额
铝材		吨	10	2 100	21 000.00	17%	3 570.00
合计					¥21 000.00		¥3 570.00
价税合计（大写）	⊗贰万肆仟伍佰柒拾元整			（小写）¥24 570.00			
销货单位	名称：东莞利华有限公司 纳税人识别号：440104560780123 地址、电话：虎门桥路 66 号 (0769)866×××× 开户银行及账号：工行虎门支行 7698-2456	备注	东莞利华有限公司　税号：440104560780123　发票专用章				

第一联　抵扣联　购货方扣税凭证

收款人：罗红华　　复核：郭全　　开票人：何柳　　销货单位（章）：

图 5.16

广东增值税专用发票

发　票　联

No. 01234367

开票日期：2013年1月10日

购货单位	名　　称：广州市锦绣汽车用品有限公司 纳税人识别号：440102340240567 地址、电话：泰南路168号(020)33187012 开户银行及账号：工行广州市石井支行3450-1289				密码区	（略）	
货物或应税劳务名称	规格型号	单位	数量	单价	金　额	税率	税　额
铝材		吨	10	2 100	21 000.00	17%	3 570.00
合　计					¥21 000.00		¥3 570.00
价税合计（大写）	⊗贰万肆仟伍佰柒拾元整				（小写）¥24 570.00		
销货单位	名　　称：东莞利华有限公司 纳税人识别号：440102340240789 地址、电话：虎门桥路66号(0769)8661×××× 开户银行及账号：工行虎门支行7698-2456				备注		

收款人：罗红华　　复核：郭全　　开票人：何柳　　销货单位（章）：

第二联　发票联　购货方记账凭证

图5.17

中国工商银行支票存根（粤）

$\frac{E}{8}\frac{D}{1}$ 12304681

附加信息

出票日期：2013年1月10日

收款人：东莞利华有限公司
金　额：¥24 570.00
用　途：购买铝材

单位主管　高清　　会计　黄馨

图5.18

2300123560　　**货物运输业增值税专用发票**　　No. 01234367

抵　扣　联　　开票日期：2013 年 1 月 16 日

承运人及 纳税人识别号	东莞安达运输有限公司 44012340240891		密码区				
实际受票方及 纳税人识别号	广州市锦绣汽车用品有限公司 440102340240567						
收货人及 纳税人识别号	广州市锦绣汽车用品有限公司 440102340240567		发货人及 纳税人识别号	东莞利华有限公司 440104560780123			
起运地、经由、到达地	东莞→广州						
费用项目及金额	费用项目 运费	金额 1 000.00	运输货物信息	铝材			
合计金额	1 000.00	税率	11%	税额	110.00	机器编号	
价税合计（大写）	壹仟壹佰壹拾元整			（小写）￥1 110.00			
车种车号		车船吨位		备注			
主管税务机关 及代码	东莞市国家税务局西城税务分局 8669218						

第二联　抵扣联　受票方扣税凭证

收款人：　　复核人：　　开票人：　　承运人（章）：

图 5.19

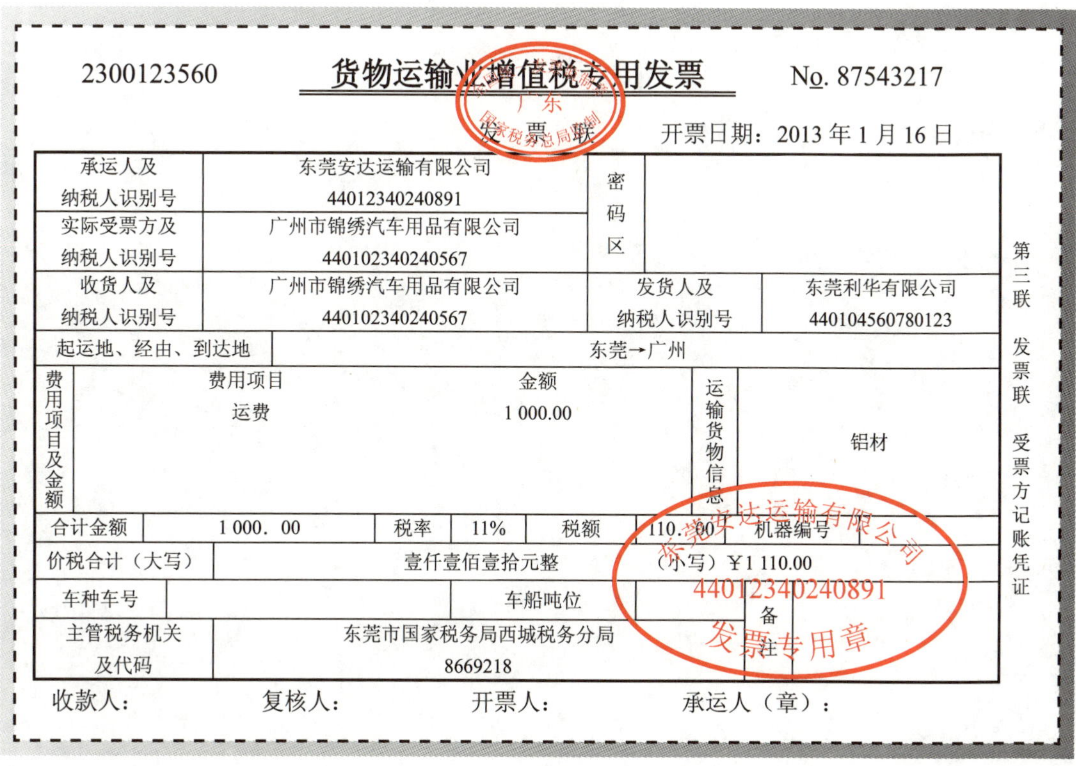

2300123560　　**货物运输业增值税专用发票**　　No. 87543217

发　票　联　　开票日期：2013 年 1 月 16 日

承运人及 纳税人识别号	东莞安达运输有限公司 44012340240891		密码区				
实际受票方及 纳税人识别号	广州市锦绣汽车用品有限公司 440102340240567						
收货人及 纳税人识别号	广州市锦绣汽车用品有限公司 440102340240567		发货人及 纳税人识别号	东莞利华有限公司 440104560780123			
起运地、经由、到达地	东莞→广州						
费用项目及金额	费用项目 运费	金额 1 000.00	运输货物信息	铝材			
合计金额	1 000. 00	税率	11%	税额	110.00	机器编号	
价税合计（大写）	壹仟壹佰壹拾元整			（小写）￥1 110.00			
车种车号		车船吨位		备注			
主管税务机关 及代码	东莞市国家税务局西城税务分局 8669218						

第三联　发票联　受票方记账凭证

收款人：　　复核人：　　开票人：　　承运人（章）：

图 5.20

中国工商银行支票存根（粤）

$\frac{C}{4}\frac{V}{2}$ 12304682

附加信息

出票日期：2013 年 1 月 12 日

收款人：东莞利华有限公司
金　额：¥1 110.00
用　途：支付运费

单位主管 高清　　会计 黄馨

图 5.21

【业务 8】

材料采购成本计算表

2013 年 1 月 12 日

材料名称	买价	采购费用	采购总成本	实收数量	入库单位成本
合计					

会计：　　　　制表：

图 5.22

收　料　单

年　月　日　　　　字第　号

来料单位			发票　　号		年　月　日收到										第三联 会计
编号	材料名称	规格	送验数量	实收数量	单位	单价	金额								
							十	万	千	百	十	元	角	分	
备注			验收人盖章		合计										

会计：　　出纳：　　复核：　　记账：　　制单：

图 5.23

【业务 9】

广东省广州市服务业发票　　地 税 监

发票代码　355010670012

查询电话：（020）12366-3　　发票号码　01234567

顾客名称：广州市锦绣汽车用品有限公司　　2013 年 1 月 12 日

收费项目	数量	单价	金额							备注
			万	千	百	十	元	角	分	
房租			1	0	0	0	0	0	0	
合计人民币（大写）⊗壹万零仟零佰零拾零元零角零分			1	0	0	0	0	0	0	

第二联　发票联（报销凭证）

开票人：于保华　　收款人：王虹　　开票单位（盖章）：

（印章：全国统一发票监制章 广州市 国家税务局监制）

（印章：广州市石井物业管理有限公司 税号：440102340360789 发票专用章）

图 5.24

中国工商银行支票存根（粤）

$\frac{A}{3}\frac{G}{7}$ 12304683

附加信息

出票日期：2013 年 1 月 12 日

收款人：广州市石井物业管理公司
金　额：¥10 000.00
用　途：付房租

单位主管　高清　　会计　黄馨

图 5.25

【业务 10】

中国工商银行支票存根（粤）

$\frac{Q}{7}\frac{G}{2}$ 12304684

附加信息

出票日期：2013 年 1 月 12 日

收款人：广州华安公司
金　额：￥50 000.00
用　途：偿还货款

单位主管 高清　　会计 黄馨

图 5.26

【业务 11】

中国工商银行支票存根（粤）

$\frac{E}{2}\frac{H}{2}$ 12304685

附加信息

出票日期：2013 年 1 月 15 日

收款人：广州市锦绣汽车用品有限公司
金　额：￥20 000.00
用　途：备发工资

单位主管 高清　　会计 黄馨

图 5.27

【业务12】

现金支出凭单

第2号

附件1张　　2013年1月15日　　对方科目编号：应付工资

用款事项：发放工资

人民币（大写）：贰仟元整　　¥2 000.00

现金付讫

收款人	主管人员	会计人员	出纳员付讫
（签章）	高清（签章）	黄馨（签章）	李燕（签章）

图5.28

工资结算表

2012年12月31日

部门	基本工资	补贴及奖金	应（实）发工资	签收
行政管理部门				
高清	1 500	600	2 100	高清
王宏	1 500	600	2 100	王宏
武建军	1 000	500	1 500	武建军
黄馨	1 000	400	1 400	黄馨
李燕	1 000	400	1 400	李燕
::	::	::	::	::
小计	7 000	3 000	10 000	
生产部门				
管理人员				
武军	500	500	1 000	武军
::	::	::	::	::
小计	1 000	1 000	2 000	
生产工人				
汽车功放A型				
黄键	400	600	1 000	黄键
::	::	::	::	::
小计	1 400	1 000	2 400	
汽车功放B型				
罗凯	400	600	1 000	罗凯
::		::	::	::
小计	1 600	1000	2 600	
销售部门				
周龙	500	300	800	周龙
孙健	500	200	700	孙健
林晓	500	200	700	林晓
::	::	::	::	::
小计	2 000	1 000	3 000	
合计	13 000	7 000	20 000	

图5.29

【业务 13】

广东增值税专用发票　No 01344367

（此联不作报销、扣税凭证使用）

开票日期：2013 年 1 月 15 日

购货单位	名　　称：广州天籁公司 纳税人识别号：4401034506780123 地址、电话：黄埔大道 23 号 (020)8554×××× 开户银行及账号：工行天河支行 7890-1234	密码区	（略）				
货物或应税劳务名称	规格型号	单位	数量	单价	金额	税率	税额
汽车功放	A 型	台	600	600	360 000.00	17%	61 200.00
汽车功放	B 型	台	400	1 000	400 000.00	17%	68 000.00
合　计					￥760 000.00		￥129 200.00
价税合计（大写）	⊗捌拾捌万玖仟贰佰元整				（小写）￥889 200.00		
销货单位	名　　称：广州市锦绣汽车用品有限公司 纳税人识别号：440102340240567 地址、电话：泰南路 168 号 (020)3318×××× 开户银行及账号：工行石井支行 3450-1289	备注	广州市锦绣汽车用品有限公司 税号：440102340240567 发票专用章				

收款人：李燕　　复核：王宏　　开票人：黄馨　　销货单位（章）：

第三联　记账联　销货方记账凭证

图 5.30

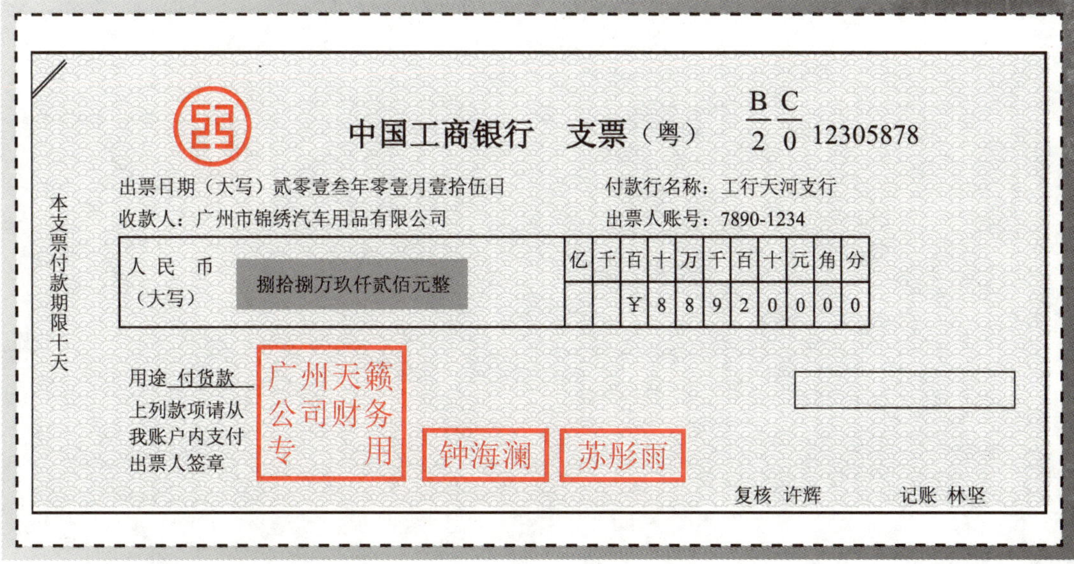

中国工商银行　支票（粤）　$\frac{BC}{20}$ 12305878

出票日期（大写）贰零壹叁年零壹月壹拾伍日　　付款行名称：工行天河支行

收款人：广州市锦绣汽车用品有限公司　　出票人账号：7890-1234

人民币（大写）	亿	千	百	十	万	千	百	十	元	角	分
捌拾捌万玖仟贰佰元整			￥	8	8	9	2	0	0	0	0

本支票付款期限十天

用途 付货款

上列款项请从我账户内支付

出票人签章　广州天籁公司财务专用　钟海澜　苏彤雨

复核 许辉　　记账 林坚

图 5.31

银行进账单（收账通知）　　3

年　月　日

出票人	全　称											
	账　号											
	开户银行											
金额	人民币（小写）	亿	千	百	十	万	千	百	十	元	角	分
收款人	全　称											
	账　号											
	开户银行											
票据种类						票据张数						
票据号码												
备注：												

中国工商银行股份有限公司
广州市石井支行
2013.1.15
票据受理专用章（6）
（收妥抵用）

复核：　　　　　　　　记账：

此联是收款人开户银行交给收款人的收账通知

图 5.32

【业务 14】

仓库　　　　　　　　　　　　　　　　厂商号
交　　　**产 成 品 出 仓 单**　　　　收
工场　　　　　　　　　　　　　　　　门市部

年　月　日

编号	成品名称	规格	单位	数量	单价	金额								备注
						十	万	千	百	十	元	角	分	
合　计														

记账：　　　　　　保管：　　　　　　制单：

③财务

图 5.33

提示

每次销售收入确认后立即结转已销产品的生产成本。

【业务 15】

广东增值税专用发票　No 01234867

抵　扣　联　　开票日期：2013 年 1 月 15 日

购货单位	名　　称：广州市锦绣汽车用品有限公司 纳税人识别号：440102340240567 地址、电话：泰南路 168 号 (020)3318×××× 开户银行及账号：工行石井支行 3450-1289			密码区	（略）		
货物或应税劳务名称	规格型号	单位	数量	单价	金额	税率	税额
机箱		套	1 000	12	15 000.00	12%	2 040.00
电位器		个	22 000	0.48	10 560.00	17%	1 795.20
合　计					¥22 560.00		¥3 835.20
价税合计（大写）	⊗贰万陆仟叁佰玖拾伍元贰角整				（小写）¥26 395.20		
销货单位	名　　称：广州华安公司 纳税人识别号：440102120240567 地址、电话：广州滨江路 88 号 (020)8567×××× 开户银行及账号：工行广州市滨江支行 4560-7891			备注			

收款人：安祁　　复核：毛茂　　开票人：钟韵　　销货单位（章）：

第一联　抵扣联　购货方扣税凭证

图 5.34

商 业 承 兑 汇 票（存根）　3

出票日期 贰零壹叁年零壹月壹拾伍日　No 0000234

第 1 号

付款人	全称	广州市锦绣汽车用品有限公司			收款人	全称	广州华安公司		
	账号	3450-1289				账号	4560-7891		
	开户银行	工行广州市石井支行	行号	1208		开户银行	工行广州滨江支行	行号	1201

出票金额	人民币（大写）	贰万陆仟叁佰玖拾伍元贰角整	千	百	十	万	千	百	十	元	角	分
					¥	2	6	3	9	5	2	0

汇票到期日	2013 年 6 月 15 日	交易合同号码	102030456
备注：		负责 李民　　经办 包清	

此联签发人存查

图 5.35

广东增值税专用发票　　No 01234867

发票联　　开票日期：2013 年 1 月 15 日

购货单位	名称：广州市锦绣汽车用品有限公司 纳税人识别号：440102340240567 地址、电话：泰南路 168 号 (020)3318×××× 开户银行及账号：工行石井支行 3450-1289				密码区	（略）		
货物或应税劳务名称	规格型号	单位	数量	单价	金额	税率	税额	
机箱		套	1 000	12	12 000.00	17%	2 040.00	
电位器		个	22 000	0.48	10 560.00	17%	1 785.20	
合计					¥22 560.00		¥3 835.20	
价税合计（大写）	⊗贰万陆仟叁佰玖拾伍元贰角整				（小写）¥26 395.20			
销货单位	名称：广州华安公司 纳税人识别号：440102120240567 地址、电话：滨江路 88 号 (020)8567×××× 开户银行及账号：工行滨江支行 4560-7891				备注			

第三联 发票联 购货方记账凭证

收款人：安祁　　复核：毛茂　　开票人：钟韵　　销货单位（章）：

（印章：广州华安公司 税号：440102120240567 发票专用章）

图 5.36

【业务 16】

2300123560　　货物运输业增值税专用发票　　No 87543217

抵扣联　　开票日期：2013 年 1 月 16 日

承运人及纳税人识别号	广州顺安运输有限公司 440102340240891	密码区		
实际受票方及纳税人识别号	广州市锦绣汽车用品有限公司 440102340240567			
收货人及纳税人识别号	广州市锦绣汽车用品有限公司 440102340240567	发货人及纳税人识别号	广州华安公司 440102450670891	
起运地、经由、到达地	广州→广州			
费用项目及金额	费用项目 运费　金额 5 640.00	运输货物信息	机箱和电位器	
合计金额	5 640.00	税率 11%	税额 620.40	机器编号
价税合计（大写）	陆仟贰佰陆拾元肆角整		（小写）¥6 260.40	
车种车号		车船吨位		
主管税务机关及代码	广州市地方税务局江南税务分局 8169218	备注		

第二联 抵扣联 受票方扣税凭证

收款人：　　复核人：　　开票人：　　承运人（章）：

（印章：广州顺安运输有限公司 税号：440102340240891 发票专用章）

图 5.37

2300123560　　**货物运输业增值税专用发票**　　No 87543217

发　票　联

开票日期：2013 年 1 月 16 日

承运人及纳税人识别号	广州顺安运输有限公司 440102340240891	密码区			
实际受票方及纳税人识别号	广州市锦绣汽车用品有限公司 440102340240567				
收货人及纳税人识别号	广州市锦绣汽车用品有限公司 440102340240567	发货人及纳税人识别号	广州华安公司 440102450670891		
起运地、经由、到达地	广州→广州				
费用项目及金额	费用项目 运　费　　金额 5 640.00	运输货物信息	机箱和电位器		
合计金额	5 640.00	税率 11%	税额 620.40	机器编号	
价税合计（大写）	陆仟贰佰陆拾元肆角整		（小写）￥6 260.40		
车种车号		车船吨位		备注	
主管税务机关及代码	广州市地方税务局江南税务分局 8169218				

收款人：　　复核人：　　开票人：　　承运人（章）：

第三联　发票联　受票方记账凭证

图 5.38

中国工商银行支票存根（粤）

$\frac{E\ G}{0\ 2}$ 12304072

附加信息

出票日期　年　月　日

收款人：

金　额：

用　途：

单位主管　　会计

中国工商银行　支票（粤）　$\frac{E\ G}{0\ 2}$ 12304072

本支票付款期限十天

出票日期（大写）　年　月　日　付款行名称：

收款人：　出票人账号：

人民币（大写）	亿	千	百	十	万	千	百	十	元	角	分

用途＿＿＿＿

上列款项请从我账户内支付

出票人签章

广州市锦绣汽车用品有限公司财务专用章　之印 高清　李燕

复核　　记账

图 5.39

运 费 分 配 表

年 月 日

货物名称	数 量	买 价	分配率	运 费
合 计				

主管： 会计： 制表：

图 5.40

提示

按买价分配运费。

【业务 17】

材料采购成本计算表

2013 年 1 月 17 日

材料名称	买 价	采购费用	采购总成本	实收数量	入库单位成本
合 计					

会计： 制表：

图 5.41

收 料 单

年 月 日 字第 号

来料单位		发票	号		年 月 日收到									
编号	材料名称	规格	送验数量	实收数量	单位	单价	金 额							
							十	万	千	百	十	元	角	分
备注		验收人			合计									

第三联 会计

会计： 出纳： 复核： 记账： 制单：

图 5.42

【业务 18】

领字第 10021 号

领料部门 生产车间

生产通知单号别 20061217

领 料 单

No.004571

2013 年 1 月 17 日

制品名称：			制造数量：100				领料用途：生产汽车功放 A 型								
编号	品名	规格	单位	请领数量	实发数量	单价	金额								备注
							十	万	千	百	十	元	角	分	
	机箱		套	100	100	18			1	8	0	0	0	0	
附件：	张				合计			¥	1	8	0	0	0	0	

第三联 财务

部门主管：王宏　会计：黄馨　记账：黄馨　发料：武军　领料：黄健　制单：武军

图 5.43

领字第 10022 号

领料部门 生产车间

生产通知单号别 20061218

领 料 单

No.004572

2013 年 1 月 17 日

制品名称：			制造数量：100				领料用途：生产汽车功放 B 型								
编号	品名	规格	单位	请领数量	实发数量	单价	金额								备注
							十	万	千	百	十	元	角	分	
	机箱		套	100	100	18			1	8	0	0	0	0	
附件：	张				合计			¥	1	8	0	0	0	0	

第二联 财务

部门主管：王宏　会计：黄馨　记账：黄馨　发料：武军　领料：黄健　制单：武军

图 5.44

领字第　10023　号

领料部门 生产车间

生产通知单号别 20061217

领　料　单

No.004573

2013 年 1 月 17 日

制品名称：			制造数量：100				领料用途：生产汽车功放 A 型								
编号	品名	规格	单位	请领数量	实发数量	单价	金额								备注
							十	万	千	百	十	元	角	分	
	铝材		吨	2	2	2 200			4	4	0	0	0	0	
附件：		张			合计			¥	4	4	0	0	0	0	

第二联　财务

部门主管：王宏　会计：黄馨　记账：黄馨　发料：武军　领料：黄健　制单：武军

图 5.45

领字第　10024　号

领料部门 生产车间

生产通知单号别 20061218

领　料　单

No.004574

2013 年 1 月 17 日

制品名称：			制造数量：100				领料用途：生产汽车功放 B 型								
编号	品名	规格	单位	请领数量	实发数量	单价	金额								备注
							十	万	千	百	十	元	角	分	
	铝材		吨	5.55	5.55	2 200		1	2	2	1	0	0	0	
附件：		张			合计		¥	1	2	2	1	0	0	0	

第二联　财务

部门主管：王宏　会计：黄馨　记账：黄馨　发料：武军　领料：黄健　制单：武军

图 5.46

领字第　10025　号

领料部门 生产车间

领　料　单

No.004575

生产通知单号别 20061217　　　　2013 年 1 月 17 日

制品名称：　　　　制造数量：100　　　　领料用途：生产汽车功放 A 型

编号	品名	规格	单位	请领数量	实发数量	单价	金额								备注
							十	万	千	百	十	元	角	分	
	电位器		个	8 440	8 440	0.6			5	0	6	4	0	0	
附件：		张			合计			¥	5	0	6	4	0	0	

第二联　财务

部门主管：王宏　会计：黄馨　记账：黄馨　发料：武军　领料：黄健　制单：武军

图 5.47

领字第　10026　号

领料部门 生产车间

领　料　单

No.004576

生产通知单号别 20061218　　　　2013 年 1 月 17 日

制品名称：　　　　制造数量：100　　　　领料用途：生产汽车功放 B 型

编号	品名	规格	单位	请领数量	实发数量	单价	金额								备注
							十	万	千	百	十	元	角	分	
	电位器		个	21 710	21 710	0.6		1	3	0	2	6	0	0	
附件：		张			合计		¥	1	3	0	2	6	0	0	

第二联　财务

部门主管：王宏　会计：黄馨　记账：黄馨　发料：武军　领料：黄健　制单：武军

图 5.48

【业务 19】

现 金 收 入 凭 单

第 1 号

附件　　张　　　　2013 年 1 月 18 日

对方科目编号	其他应收款

用款事项：交回多余差旅费

人民币（大写）：柒佰壹拾捌元整　　现金付讫　　¥718.00

交款人 武建军（签章）	主管人员 王宏（签章）	会计人员 黄馨（签章）	出纳员付讫 李燕（签章）

图 5.49

差 旅 费 报 销 单

单位名称：　　　　填报日期：2013 年 1 月 18 日

姓名	武建军	出差地点	深圳	出差日期	自 2013 年 1 月 8 日 至 2013 年 1 月 18 日
事由	调研				

日期			起讫地点		车船费			在途补助				住勤补助				杂（宿）费		备注
年	月	日	起	讫	类别	金额		行程时间	标准	金额		日数	标准	金额				
2013	01	8	广州	深圳		91	00	小时				10	80	800	00	1 300	00	
	01	18	深圳	广州		91	00	小时									00	
								小时										
								小时										
以上单据共 12 张　总计金额人民币（大写）¥零万贰仟贰佰捌拾贰元零角零分																	经领人签章	武建军
预支旅费人民币¥3 000，缴回现金人民币¥718																		

主管：王宏　　审核：高清　　出纳：李燕　　填报人：武建军

图 5.50

【业务 20】

中国工商银行电汇凭证 （收款通知或取款收据）

No.0001456

委托日期 2013 年 1 月 16 日　　应解汇款编号

汇款人	全称	深圳红光公司			收款人	全称	广州市锦绣汽车用品有限公司			
	账号或住址	6780-9123				账号或住址	3450-1289			
	汇出地点	广东省深圳 市县	汇出行名称	中国工商银行宝安支行		汇入地点	广东省广州 市县	汇入行名称	中国工商银行石井支行	
金额	人民币（大写）	贰万元整								

千	百	十	万	千	百	十	元	角	分
		¥	2	0	0	0	0	0	0

汇款用途：商业汇票到期付款

留行待取预留收款人印鉴

上列款项已根据委托办理，如须查询，请持此回单来行面洽。

收款人盖章

2009 年 01 月 18 日

上列款项已照收无误

收款人盖章

2013 年 1 月 18 日

科目（借）

对方科目（贷）

汇入行解款日期 2013 年 01 月 18 日

复核 陈方　记账 柳坤　出纳 扬扬

此联是给收款人的收账通知或代取款收据

（印章：广州市锦绣汽车用品有限公司 税号：440102340240567 发票专用章）

（印章：中国工商银行股份有限公司 广州市石井支行 2013.1.18 业务清讫）

图 5.51

【业务 21】

广东省行政事业单位非经营收入发票

发票联

粤地（99122）

No.6196758

顾客名称及地址：广州市锦绣汽车用品有限公司　　2013 年 1 月 24 日填发

项目	单位	数量	收费标准		万	千	百	十	元	角	分	备注
捐款				超过拾万元无效	1	0	0	0	0	0	0	
合计人民币（大写）	壹万零仟零佰零拾零元零角零分				1	0	0	0	0	0	0	

开票人：司马红　　收款人：张林　　开票单位及地址（盖章）

（印章：财政票据监制章 广东省 财政厅监制）

（印章：广州市安民福利机构 税号：440102340240674 发票专用章）

图 5.52

中国工商银行支票存根（粤）

$\frac{F}{6}\frac{K}{5}$ 12304686

附加信息

出票日期：2013年1月27日

收款人：广州市安民福利机构
金　额：￥10 000.00
用　途：捐款

单位主管　高清　　会计　黄馨

图 5.53

【业务 22】

中国工商银行支票存根（粤）

$\frac{F}{6}\frac{K}{5}$ 12304687

附加信息

出票日期：2013年1月27日

收款人：东莞利华公司
金　额：￥40 000.00
用　途：支付前欠货款

单位主管　高清　　会计　黄馨

图 5.54

【业务 23】

中国工商银行支票存根（粤）

$\frac{F}{6}\frac{K}{5}$ 12304688

附加信息

出票日期：2013 年 1 月 28 日

收款人：广州市锦绣汽车用品有限公司
金　额：￥3 000.00
用　途：备用金

单位主管 高清　　会计 黄馨

图 5.55

【业务 24】

深圳市地方税收通用定额发票

GENERAL QUOTA INVOICE FOR GUANGDONG LACAL TAXATION

发　票　联

INVOICE

广东省地方税务局监制

发票代码　355000700652

CODE

发票号码　47343562

NO.

100

壹佰元

深圳市农家菜餐饮有限公司

税号：440102789087789

发票专用章

开票日期：2013 年 1 月 28 日　　收款单位（盖章）

DATE　Y　M　D　　PAYEE(SEAL)

图 5.56

深圳市地方税收通用定额发票
GENERAL QUOTA INVOICE FOR GUANGDONG LACAL TAXATION
发　票　联
INVOICE

发票代码　355000700652
CODE
发票号码　47343562
NO.

100
壹佰元

开票日期：2013 年 1 月 28 日
DATE　　Y　M　D

收款单位（盖章）
PAYEE(SEAL)

图 5.57

深圳市地方税收通用定额发票
GENERAL QUOTA INVOICE FOR GUANGDONG LACAL TAXATION
发　票　联
INVOICE

发票代码　355000700652
CODE
发票号码　47343562
NO.

100
壹佰元

开票日期：2013 年 1 月 28 日
DATE　　Y　M　D

收款单位（盖章）
PAYEE(SEAL)

图 5.58

深圳市地方税收通用定额发票
GENERAL QUOTA INVOICE FOR GUANGDONG LACAL TAXATION
发　票　联
INVOICE

发票代码 355000700652
CODE
发票号码 47343562
NO.

50
伍拾元

开票日期：2013 年 1 月 28 日
DATE Y M D

收款单位（盖章）
PAYEE(SEAL)

深圳市农家菜餐饮有限公司
税号：440102789087789
发票专用章

图 5.59

现 金 支 出 凭 单

第 3 号

附件 4 张　　2013 年 1 月 28 日

对方科目编号	管理费用

用款事项：业务招待费

人民币（大写）：叁佰伍拾元整　　¥ 350.00

现金付讫

收款人	主管人员	会计人员	出纳员付讫
武建军	高清	黄馨	李燕
（签章）	（签章）	（签章）	（签章）

图 5.60

【业务 25】

广州市广客隆加油站有限公司通用机打发票

广东

发　票　联

全国统一发票监制章 国家税务总局监制

限开万元以下

顾客名称：广州市锦绣汽车用品有限公司　　　发票代码：678940200021

开票日期：2013 年 1 月 30 日　　　发票号码：07891357

商品名称	单位	数量	单价	金额
97 粤Ⅳ汽油	升	42.02	8.30	￥350.00

金额合计（人民币大写）：叁佰伍拾元整　　　合计（小写）：￥350.00

效验码：EB201O40BA603B471ED5　　　销货方识别号：4401043567890901

销货单位名称：广州市广客隆加油站有限公司

发票防伪措施查询请登录广州国税网站：WWW.gd-n-tax.gov.cn 本发票开具合计金额超过万元无效

备注：

开票人：闫小梅　　收款单位（盖章）：广州市广客隆加油站有限公司

图 5.61

现 金 支 出 凭 单　　　第 4 号

附件 1 张　　　2013 年 1 月 30 日　　　对方科目编号

用款事项：汽油费

人民币（大写）：叁佰元整　　　￥ 3 000.00

现金付讫

收款人	主管人员	会计人员	出纳员付讫
陈明	高清	黄馨	李燕
（签章）林维立	（签章）	（签章）	（签章）

图 5.62

【业务 26】

工资结算表

2013 年 1 月

部　　门	基本工资	补贴及奖金	应（实）发工资	签　　收
行政管理部门				
高清	1 500	600	2 100	
王宏	1 500	600	2 100	
武建军	1 000	500	1 500	
黄馨	1 000	400	1 400	
李燕	1 000	400	1 400	
::	::	::	::	
小计	7 000	3 000	10 000	
生产部门				
管理人员				
武军	500	500	1 000	
::	::	::	::	
小计	1 000	1 000	2 000	
生产工人				
汽车功放 A 型				
黄键	400	600	1 000	
::	::	::	::	
小计	1 400	1 000	2 400	
汽车功放 B 型				
罗凯	400	600	1 000	
::		::	::	
小计	1 600	1000	2 600	
销售部门				
周龙	500	300	800	
孙健	500	200	700	
林晓	500	200	700	
::	::	::	::	
小计	2 000	1 000	3 000	
合　　计	13 000	7 000	20 000	

图 5.63

工资费用分配汇总表

2013 年 1 月

应借科目		成本或费用项目	工资费用合计
生产成本	汽车功放 A 型	直接人工	
	汽车功放 B 型	直接人工	
制造费用		工资	
管理费用		工资	
销售费用		工资	
合　计		工资	

制表：黄馨　　　　审核：高清

图 5.64

【业务 27】

广东省广州市服务业发票

地 税 监

发票代码　355010670012

查询电话：（020）12366-3　　发票号码　01234567

顾客名称：广州市锦绣汽车用品有限公司　　2013 年 1 月 31 日

收费项目	数量	单价	金额 万	千	百	十	元	角	分	备注
购物券				2	8	0	0	0	0	
合计人民币（大写）⊗零万贰仟捌佰零拾零元零角零分			¥	2	8	0	0	0	0	

第二联　发票联（报销凭证）

开票人：于保华　　收款人：王虹　　开票单位（盖章）：

（印章：全国统一发票监制章 广州市 国家税务局监制；广州市明兴百货有限公司 税号：440102340360789 发票专用章）

图 5.65

中国工商银行支票存根（粤）

$\frac{A\ G}{3\ 7}$ 12304683

附加信息

出票日期：2013 年 1 月 31 日

收款人：广州市锦绣汽车用品有限公司
金　额：￥2 800.00
用　途：职工福利

单位主管 高清　　会计 黄馨

图 5.66

提示

按工资 14% 补提职工福利。

福利费用分配汇总表

2013 年 1 月

应借科目		工资总额	计提比例	职工福利
生产成本	汽车功放 A 型		14%	
	汽车功放 B 型			
制造费用				
管理费用				
销售费用				
合　计				

制表：黄馨　　审核：高清

图 5.67

【业务 28】

固定资产折旧计算表

2013 年 1 月 31 日

固定资产使用部门	月初应计折旧的固定资产原值	月综合折旧率（‰）	月折旧额（元）
基本生产车间	略	略	13 720
行政管理部门			3 500
销售部门			500
合　计			17 720

复核：王宏　　　　　　　　　　　　制单：黄馨

图 5.68

【业务 29】

制 造 费 用 分 配 表

年　月

成本计算对象	分配标准（工时）	分配率	分配金额（元）
汽车功放 A 型	6 000		
汽车功放 B 型	10 000		
合　计	16 000		

复核：　　　　　　　　　　　　制单：

图 5.69

【业务 30】

完工产品成本计算表

年　月

产品名称 成本项目	汽车功放 A 型（100 个）		汽车功放 B 型（100 个）		总成本合计
	总成本	单位成本	总成本	单位成本	
直接材料					
直接人工					
制造费用					
合　计					

复核：　　　　　　　　　　　　　　　　　　制单：

图 5.70

提示

月末没有在产品，全部完工验收入库。

仓库 交 工场　　　　　　　　　　　　　　　厂商号 收 门市部

产成品出仓单

年　月　日

编号	成品名称	规格	单位	数量	单价	金额								备注
						十	万	千	百	十	元	角	分	
合　计														

③ 财务

记账：　　　　　　　　保管：　　　　　　　　制单：

图 5.71

【业务 31】

教育费附加及城市维护建设税计提表

年 月 日

序 号	项 目	金 额	备 注
1	本月销项税额		
2	本月进项税额		
3	本月应交增值税		
4	计税依据（3）		
5	本月应交城市维护建设税（7%）		
6	本月应交教育费附加（3%）		

制表： 审核：

图 5.72

【业务 32】

内 部 转 账 单

年 月 日

应借科目	应贷科目	金 额	备 注

制表： 审核：

图 5.73

提示

结转收入类账户。

【业务 33】

内部转账单

年 月 日

应借科目	应贷科目	金额	备注

制表： 审核：

图 5.74

提示

结转费用类账户。

【业务 34】

企业所得税计算表

年 月 单位：元

项目	行数	本月数
一、营业收入	1	
减：营业成本	4	
营业税金及附加	5	
销售费用	10	
管理费用	11	
财务费用	14	
加：投资收益（损失以“－”号填列）	15	
公允价值变动损益（损失以“－”号填列）	16	
二、营业利润（亏损以“－”号填列）	18	
加：营业外收入	19	
减：营业外支出	23	
三、利润总额（亏损总额以“－”号填列）	25	
加：纳税调整增加额	27	
减：纳税调整减少额	28	
四、应纳税所得额	29	
适用税率（25%）	30	
五、应纳所得税额	31	

财务主管： 审核： 制表：

图 5.75

【业务 35】

内部转账单

年　月　日

应借科目	应贷科目	金　额	备　注

制表：　　　　　　　　　　　　　　　　审核：

图 5.76

提示

结转所得税费用账户。

【业务 36】

内部转账单

年　月　日

应借科目	应贷科目	金　额	备　注

制表：　　　　　　　　　　　　　　　　审核：

图 5.77

提示

结转净利润。

【业务 37】

利润分配计算表

年度　　　　　　　　　　　　　　　　单位：元

利润分配项目	分配基数	分配比例	分配额
合　计			

财务主管：　　　　　　　审核：　　　　　　　制表：

图 5.78

提示

按本月净利润的 10%、5% 分别提取法定盈余公积金和任意盈余公积金。

【业务 38】

应付利润计算表

年　月　日

项　　目	金　　额	备　　注
年初未分配利润		
+本年净利润		
-本年计提的盈余公积		
（法定盈余公积金、任意盈余公积金）		
年末可供分配利润		
-向投资者分配利润（60%）		
年末未分配利润		

制表：　　　　　　　　　　　　　　　　审核：

图 5.79

【业务 39】

内部转账单

年　月　日

项　　目	金　　额	备　　注

制表：　　　　　　　　　　　　　　　　审核：

图 5.80

提示

结转利润分配明细账。

5.1.3 任务要求

1）根据广州市锦绣汽车用品有限公司 2013 年 1 月 1 日各类账户期初余额表开设总分类账、日记账、明细分类账，并登记期初余额。

2）根据上述资料编制通用记账凭证并补齐部分凭证项目。

3）根据记账凭证及所附的原始凭证逐笔顺序登记现金日记账和银行存款日记账。

4）根据记账凭证及所附的原始凭证逐笔顺序登记明细账；原材料收发按实际成本计算结转；库存商品发出时同时结转成本。

5）根据记账凭证按 15 日定期编制科目汇总表，并根据科目汇总表登记总账。

6）月末将总分类账与日记账、明细账进行核对，在核对相符的基础上进行月末结账。

7）根据总账资料编制试算平衡表。

8）根据总账与明细账资料编制资产负债表和利润表。

9）按 15 日分别装订记账凭证。

任务需要的凭证资料：

1）通用记账凭证 40 张、记账凭证封面 2 张。

2）日记账 2 个、总账 30 个、三栏式明细账 32 个、数量金额式明细账 7 个、多栏式费用明细账 4 个、生产成本明细账 2 个、物资采购明细账 3 个、应交增值税明细账 1 个。

3）科目汇总表 4 张、试算平衡表 2 张、资产负债表 1 张、利润表 1 张。

附 录

账 簿 启 用 表

<table>
<tr><td colspan="2">单位名称</td><td colspan="7"></td><td colspan="2">单位公章</td></tr>
<tr><td colspan="2">账簿名称</td><td colspan="7">账</td><td colspan="2" rowspan="4"></td></tr>
<tr><td colspan="2">账簿编号</td><td colspan="7">字第 号第 册共 册</td></tr>
<tr><td colspan="2">账簿页数</td><td colspan="7">本账簿共计 页</td></tr>
<tr><td colspan="2">启用日期</td><td colspan="7">201 年 月 日</td></tr>
<tr><td colspan="2">经管人员</td><td colspan="3">接 管</td><td colspan="3">移 交</td><td colspan="2">会计负责人</td><td>备 注</td></tr>
<tr><td>姓名</td><td>盖章</td><td>年</td><td>月</td><td>日</td><td>年</td><td>月</td><td>日</td><td>姓名</td><td>盖章</td><td></td></tr>
<tr><td></td><td></td><td></td><td></td><td></td><td></td><td></td><td></td><td></td><td></td><td></td></tr>
<tr><td></td><td></td><td></td><td></td><td></td><td></td><td></td><td></td><td></td><td></td><td></td></tr>
<tr><td></td><td></td><td></td><td></td><td></td><td></td><td></td><td></td><td></td><td></td><td></td></tr>
<tr><td></td><td></td><td></td><td></td><td></td><td></td><td></td><td></td><td></td><td></td><td></td></tr>
</table>

账 簿 启 用 表

<table>
<tr><td colspan="2">单位名称</td><td colspan="7"></td><td colspan="2">单位公章</td></tr>
<tr><td colspan="2">账簿名称</td><td colspan="7">账</td><td colspan="2" rowspan="4"></td></tr>
<tr><td colspan="2">账簿编号</td><td colspan="7">字第 号第 册共 册</td></tr>
<tr><td colspan="2">账簿页数</td><td colspan="7">本账簿共计 页</td></tr>
<tr><td colspan="2">启用日期</td><td colspan="7">201 年 月 日</td></tr>
<tr><td colspan="2">经管人员</td><td colspan="3">接 管</td><td colspan="3">移 交</td><td colspan="2">会计负责人</td><td>备 注</td></tr>
<tr><td>姓名</td><td>盖章</td><td>年</td><td>月</td><td>日</td><td>年</td><td>月</td><td>日</td><td>姓名</td><td>盖章</td><td></td></tr>
<tr><td></td><td></td><td></td><td></td><td></td><td></td><td></td><td></td><td></td><td></td><td></td></tr>
<tr><td></td><td></td><td></td><td></td><td></td><td></td><td></td><td></td><td></td><td></td><td></td></tr>
<tr><td></td><td></td><td></td><td></td><td></td><td></td><td></td><td></td><td></td><td></td><td></td></tr>
<tr><td></td><td></td><td></td><td></td><td></td><td></td><td></td><td></td><td></td><td></td><td></td></tr>
</table>

账簿启用表

<table>
<tr><td colspan="2">单位名称</td><td colspan="7"></td><td colspan="2">单位公章</td></tr>
<tr><td colspan="2">账簿名称</td><td colspan="7">账</td><td colspan="2" rowspan="4"></td></tr>
<tr><td colspan="2">账簿编号</td><td colspan="7">字第　号第　册共　册</td></tr>
<tr><td colspan="2">账簿页数</td><td colspan="7">本账簿共计　　页</td></tr>
<tr><td colspan="2">启用日期</td><td colspan="7">201　年　月　日</td></tr>
<tr><td colspan="2">经管人员</td><td colspan="3">接　管</td><td colspan="3">移　交</td><td colspan="2">会计负责人</td><td>备　注</td></tr>
<tr><td>姓名</td><td>盖章</td><td>年</td><td>月</td><td>日</td><td>年</td><td>月</td><td>日</td><td>姓名</td><td>盖章</td><td></td></tr>
<tr><td></td><td></td><td></td><td></td><td></td><td></td><td></td><td></td><td></td><td></td><td></td></tr>
<tr><td></td><td></td><td></td><td></td><td></td><td></td><td></td><td></td><td></td><td></td><td></td></tr>
<tr><td></td><td></td><td></td><td></td><td></td><td></td><td></td><td></td><td></td><td></td><td></td></tr>
<tr><td></td><td></td><td></td><td></td><td></td><td></td><td></td><td></td><td></td><td></td><td></td></tr>
</table>

账簿启用表

<table>
<tr><td colspan="2">单位名称</td><td colspan="7"></td><td colspan="2">单位公章</td></tr>
<tr><td colspan="2">账簿名称</td><td colspan="7">账</td><td colspan="2" rowspan="4"></td></tr>
<tr><td colspan="2">账簿编号</td><td colspan="7">字第　号第　册共　册</td></tr>
<tr><td colspan="2">账簿页数</td><td colspan="7">本账簿共计　　页</td></tr>
<tr><td colspan="2">启用日期</td><td colspan="7">201　年　月　日</td></tr>
<tr><td colspan="2">经管人员</td><td colspan="3">接　管</td><td colspan="3">移　交</td><td colspan="2">会计负责人</td><td>备　注</td></tr>
<tr><td>姓名</td><td>盖章</td><td>年</td><td>月</td><td>日</td><td>年</td><td>月</td><td>日</td><td>姓名</td><td>盖章</td><td></td></tr>
<tr><td></td><td></td><td></td><td></td><td></td><td></td><td></td><td></td><td></td><td></td><td></td></tr>
<tr><td></td><td></td><td></td><td></td><td></td><td></td><td></td><td></td><td></td><td></td><td></td></tr>
<tr><td></td><td></td><td></td><td></td><td></td><td></td><td></td><td></td><td></td><td></td><td></td></tr>
<tr><td></td><td></td><td></td><td></td><td></td><td></td><td></td><td></td><td></td><td></td><td></td></tr>
</table>

目录表					
科　目	账　号	页　码	科　目	账　号	页　码

目录表					
科　目	账　号	页　码	科　目	账　号	页　码

目录表

科　目	账　号	页　码	科　目	账　号	页　码

目录表

科　目	账　号	页　码	科　目	账　号	页　码

总　账

会计科目名称及编号________________

年		凭证编号	摘　要	借　方												贷　方												借或贷	余　额											
月	日			十	亿	千	百	十	万	千	百	十	元	角	分	十	亿	千	百	十	万	千	百	十	元	角	分		十	亿	千	百	十	万	千	百	十	元	角	分

总　账

会计科目名称及编号________________

年		凭证编号	摘　要	借　方												贷　方												借或贷	余　额											
月	日			十	亿	千	百	十	万	千	百	十	元	角	分	十	亿	千	百	十	万	千	百	十	元	角	分		十	亿	千	百	十	万	千	百	十	元	角	分

总　　账

会计科目名称及编号________________

年		凭证编号	摘要	借方												贷方												借或贷	余额											
月	日			十	亿	千	百	十	万	千	百	十	元	角	分	十	亿	千	百	十	万	千	百	十	元	角	分		十	亿	千	百	十	万	千	百	十	元	角	分

总　　账

会计科目名称及编号________________

年		凭证编号	摘要	借方												贷方												借或贷	余额											
月	日			十	亿	千	百	十	万	千	百	十	元	角	分	十	亿	千	百	十	万	千	百	十	元	角	分		十	亿	千	百	十	万	千	百	十	元	角	分

会计科目名称及编号______________

年		凭证编号	摘要	借方												贷方												借或贷	余额											
月	日			十	亿	千	百	十	万	千	百	十	元	角	分	十	亿	千	百	十	万	千	百	十	元	角	分		十	亿	千	百	十	万	千	百	十	元	角	分

会计科目名称及编号______________

年		凭证编号	摘要	借方												贷方												借或贷	余额											
月	日			十	亿	千	百	十	万	千	百	十	元	角	分	十	亿	千	百	十	万	千	百	十	元	角	分		十	亿	千	百	十	万	千	百	十	元	角	分

会计科目名称及编号________________

年		凭证编号	摘要	借方												贷方												借或贷	余额											
月	日			十	亿	千	百	十	万	千	百	十	元	角	分	十	亿	千	百	十	万	千	百	十	元	角	分		十	亿	千	百	十	万	千	百	十	元	角	分

会计科目名称及编号________________

年		凭证编号	摘要	借方												贷方												借或贷	余额											
月	日			十	亿	千	百	十	万	千	百	十	元	角	分	十	亿	千	百	十	万	千	百	十	元	角	分		十	亿	千	百	十	万	千	百	十	元	角	分

总 账

会计科目名称及编号________________

年		凭证编号	摘要	借方												贷方												借或贷	余额											
月	日			十	亿	千	百	十	万	千	百	十	元	角	分	十	亿	千	百	十	万	千	百	十	元	角	分		十	亿	千	百	十	万	千	百	十	元	角	分

总 账

会计科目名称及编号________________

年		凭证编号	摘要	借方												贷方												借或贷	余额											
月	日			十	亿	千	百	十	万	千	百	十	元	角	分	十	亿	千	百	十	万	千	百	十	元	角	分		十	亿	千	百	十	万	千	百	十	元	角	分

会计科目名称及编号＿＿＿＿＿＿＿＿＿＿＿＿＿＿

年		凭证编号	摘要	借方												贷方												借或贷	余额											
月	日			十	亿	千	百	十	万	千	百	十	元	角	分	十	亿	千	百	十	万	千	百	十	元	角	分		十	亿	千	百	十	万	千	百	十	元	角	分

会计科目名称及编号＿＿＿＿＿＿＿＿＿＿＿＿＿＿

年		凭证编号	摘要	借方												贷方												借或贷	余额											
月	日			十	亿	千	百	十	万	千	百	十	元	角	分	十	亿	千	百	十	万	千	百	十	元	角	分		十	亿	千	百	十	万	千	百	十	元	角	分

总　账

会计科目名称及编号________________

年		凭证编号	摘要	借方												贷方												借或贷	余额											
月	日			十	亿	千	百	十	万	千	百	十	元	角	分	十	亿	千	百	十	万	千	百	十	元	角	分		十	亿	千	百	十	万	千	百	十	元	角	分

总　账

会计科目名称及编号________________

年		凭证编号	摘要	借方												贷方												借或贷	余额											
月	日			十	亿	千	百	十	万	千	百	十	元	角	分	十	亿	千	百	十	万	千	百	十	元	角	分		十	亿	千	百	十	万	千	百	十	元	角	分

会计科目名称及编号________________

年		凭证编号	摘要	借方												贷方												借或贷	余额											
月	日			十	亿	千	百	十	万	千	百	十	元	角	分	十	亿	千	百	十	万	千	百	十	元	角	分		十	亿	千	百	十	万	千	百	十	元	角	分

会计科目名称及编号________________

年		凭证编号	摘要	借方												贷方												借或贷	余额											
月	日			十	亿	千	百	十	万	千	百	十	元	角	分	十	亿	千	百	十	万	千	百	十	元	角	分		十	亿	千	百	十	万	千	百	十	元	角	分

总　账

会计科目名称及编号________________

年		凭证编号	摘要	借方												贷方												借或贷	余额											
月	日			十	亿	千	百	十	万	千	百	十	元	角	分	十	亿	千	百	十	万	千	百	十	元	角	分		十	亿	千	百	十	万	千	百	十	元	角	分

总　账

会计科目名称及编号________________

年		凭证编号	摘要	借方												贷方												借或贷	余额											
月	日			十	亿	千	百	十	万	千	百	十	元	角	分	十	亿	千	百	十	万	千	百	十	元	角	分		十	亿	千	百	十	万	千	百	十	元	角	分

总账

会计科目名称及编号________________

年		凭证编号	摘要	借方												贷方												借或贷	余额											
月	日			十	亿	千	百	十	万	千	百	十	元	角	分	十	亿	千	百	十	万	千	百	十	元	角	分		十	亿	千	百	十	万	千	百	十	元	角	分

总账

会计科目名称及编号________________

年		凭证编号	摘要	借方												贷方												借或贷	余额											
月	日			十	亿	千	百	十	万	千	百	十	元	角	分	十	亿	千	百	十	万	千	百	十	元	角	分		十	亿	千	百	十	万	千	百	十	元	角	分

会计科目名称及编号________________

年		凭证编号	摘要	借方												贷方												借或贷	余额											
月	日			十	亿	千	百	十	万	千	百	十	元	角	分	十	亿	千	百	十	万	千	百	十	元	角	分		十	亿	千	百	十	万	千	百	十	元	角	分

会计科目名称及编号________________

年		凭证编号	摘要	借方												贷方												借或贷	余额											
月	日			十	亿	千	百	十	万	千	百	十	元	角	分	十	亿	千	百	十	万	千	百	十	元	角	分		十	亿	千	百	十	万	千	百	十	元	角	分

总　　账

会计科目名称及编号________________

年		凭证编号	摘要	借方												贷方												借或贷	余额											
月	日			十	亿	千	百	十	万	千	百	十	元	角	分	十	亿	千	百	十	万	千	百	十	元	角	分		十	亿	千	百	十	万	千	百	十	元	角	分

总　　账

会计科目名称及编号________________

年		凭证编号	摘要	借方												贷方												借或贷	余额											
月	日			十	亿	千	百	十	万	千	百	十	元	角	分	十	亿	千	百	十	万	千	百	十	元	角	分		十	亿	千	百	十	万	千	百	十	元	角	分

总 账

会计科目名称及编号______________

年		凭证编号	摘要	借方												贷方												借或贷	余额											
月	日			十	亿	千	百	十	万	千	百	十	元	角	分	十	亿	千	百	十	万	千	百	十	元	角	分		十	亿	千	百	十	万	千	百	十	元	角	分

总 账

会计科目名称及编号______________

年		凭证编号	摘要	借方												贷方												借或贷	余额											
月	日			十	亿	千	百	十	万	千	百	十	元	角	分	十	亿	千	百	十	万	千	百	十	元	角	分		十	亿	千	百	十	万	千	百	十	元	角	分

总 账

会计科目名称及编号________________

年		凭证编号	摘要	借方												贷方												借或贷	余额											
月	日			十	亿	千	百	十	万	千	百	十	元	角	分	十	亿	千	百	十	万	千	百	十	元	角	分		十	亿	千	百	十	万	千	百	十	元	角	分

总 账

会计科目名称及编号________________

年		凭证编号	摘要	借方												贷方												借或贷	余额											
月	日			十	亿	千	百	十	万	千	百	十	元	角	分	十	亿	千	百	十	万	千	百	十	元	角	分		十	亿	千	百	十	万	千	百	十	元	角	分

会计科目名称及编号________________

年		凭证编号	摘要	借方												贷方												借或贷	余额											
月	日			十	亿	千	百	十	万	千	百	十	元	角	分	十	亿	千	百	十	万	千	百	十	元	角	分		十	亿	千	百	十	万	千	百	十	元	角	分

会计科目名称及编号________________

年		凭证编号	摘要	借方												贷方												借或贷	余额											
月	日			十	亿	千	百	十	万	千	百	十	元	角	分	十	亿	千	百	十	万	千	百	十	元	角	分		十	亿	千	百	十	万	千	百	十	元	角	分

总 账

会计科目名称及编号________________

年		凭证编号	摘要	借方												贷方												借或贷	余额											
月	日			十	亿	千	百	十	万	千	百	十	元	角	分	十	亿	千	百	十	万	千	百	十	元	角	分		十	亿	千	百	十	万	千	百	十	元	角	分

总 账

会计科目名称及编号________________

年		凭证编号	摘要	借方												贷方												借或贷	余额											
月	日			十	亿	千	百	十	万	千	百	十	元	角	分	十	亿	千	百	十	万	千	百	十	元	角	分		十	亿	千	百	十	万	千	百	十	元	角	分

总　　账

会计科目名称及编号________________

年		凭证编号	摘要	借方												贷方												借或贷	余额											
月	日			十	亿	千	百	十	万	千	百	十	元	角	分	十	亿	千	百	十	万	千	百	十	元	角	分		十	亿	千	百	十	万	千	百	十	元	角	分

总　　账

会计科目名称及编号________________

年		凭证编号	摘要	借方												贷方												借或贷	余额											
月	日			十	亿	千	百	十	万	千	百	十	元	角	分	十	亿	千	百	十	万	千	百	十	元	角	分		十	亿	千	百	十	万	千	百	十	元	角	分

总　　账

会计科目名称及编号＿＿＿＿＿＿＿＿＿＿＿＿＿＿

年		凭证编号	摘要	借方												贷方												借或贷	余额											
月	日			十	亿	千	百	十	万	千	百	十	元	角	分	十	亿	千	百	十	万	千	百	十	元	角	分		十	亿	千	百	十	万	千	百	十	元	角	分

总　　账

会计科目名称及编号＿＿＿＿＿＿＿＿＿＿＿＿＿＿

年		凭证编号	摘要	借方												贷方												借或贷	余额											
月	日			十	亿	千	百	十	万	千	百	十	元	角	分	十	亿	千	百	十	万	千	百	十	元	角	分		十	亿	千	百	十	万	千	百	十	元	角	分

总　　账

会计科目名称及编号________________

年		凭证编号	摘要	借方												贷方												借或贷	余额											
月	日			十	亿	千	百	十	万	千	百	十	元	角	分	十	亿	千	百	十	万	千	百	十	元	角	分		十	亿	千	百	十	万	千	百	十	元	角	分

总　　账

会计科目名称及编号________________

年		凭证编号	摘要	借方												贷方												借或贷	余额											
月	日			十	亿	千	百	十	万	千	百	十	元	角	分	十	亿	千	百	十	万	千	百	十	元	角	分		十	亿	千	百	十	万	千	百	十	元	角	分

总　账

会计科目名称及编号________________

年		凭证编号	摘要	借方												贷方												借或贷	余额											
月	日			十	亿	千	百	十	万	千	百	十	元	角	分	十	亿	千	百	十	万	千	百	十	元	角	分		十	亿	千	百	十	万	千	百	十	元	角	分

总　账

会计科目名称及编号________________

年		凭证编号	摘要	借方												贷方												借或贷	余额											
月	日			十	亿	千	百	十	万	千	百	十	元	角	分	十	亿	千	百	十	万	千	百	十	元	角	分		十	亿	千	百	十	万	千	百	十	元	角	分

总 账

会计科目名称及编号________________

年		凭证编号	摘要	借方												贷方												借或贷	余额											
月	日			十	亿	千	百	十	万	千	百	十	元	角	分	十	亿	千	百	十	万	千	百	十	元	角	分		十	亿	千	百	十	万	千	百	十	元	角	分

总 账

会计科目名称及编号________________

年		凭证编号	摘要	借方												贷方												借或贷	余额											
月	日			十	亿	千	百	十	万	千	百	十	元	角	分	十	亿	千	百	十	万	千	百	十	元	角	分		十	亿	千	百	十	万	千	百	十	元	角	分

总　　账

会计科目名称及编号________________

年		凭证编号	摘要	借方												贷方												借或贷	余额											
月	日			十	亿	千	百	十	万	千	百	十	元	角	分	十	亿	千	百	十	万	千	百	十	元	角	分		十	亿	千	百	十	万	千	百	十	元	角	分

总　　账

会计科目名称及编号________________

年		凭证编号	摘要	借方												贷方												借或贷	余额											
月	日			十	亿	千	百	十	万	千	百	十	元	角	分	十	亿	千	百	十	万	千	百	十	元	角	分		十	亿	千	百	十	万	千	百	十	元	角	分

总 账

会计科目名称及编号______________

年		凭证编号	摘要	借方												贷方												借或贷	余额											
月	日			十	亿	千	百	十	万	千	百	十	元	角	分	十	亿	千	百	十	万	千	百	十	元	角	分		十	亿	千	百	十	万	千	百	十	元	角	分

总 账

会计科目名称及编号______________

年		凭证编号	摘要	借方												贷方												借或贷	余额											
月	日			十	亿	千	百	十	万	千	百	十	元	角	分	十	亿	千	百	十	万	千	百	十	元	角	分		十	亿	千	百	十	万	千	百	十	元	角	分

会计科目名称及编号________________

年		凭证编号	摘要	借方												贷方												借或贷	余额											
月	日			十	亿	千	百	十	万	千	百	十	元	角	分	十	亿	千	百	十	万	千	百	十	元	角	分		十	亿	千	百	十	万	千	百	十	元	角	分

会计科目名称及编号________________

年		凭证编号	摘要	借方												贷方												借或贷	余额											
月	日			十	亿	千	百	十	万	千	百	十	元	角	分	十	亿	千	百	十	万	千	百	十	元	角	分		十	亿	千	百	十	万	千	百	十	元	角	分

会计科目名称及编号______________

年		凭证编号	摘要	借方												贷方												借或贷	余额											
月	日			十	亿	千	百	十	万	千	百	十	元	角	分	十	亿	千	百	十	万	千	百	十	元	角	分		十	亿	千	百	十	万	千	百	十	元	角	分

会计科目名称及编号______________

年		凭证编号	摘要	借方												贷方												借或贷	余额											
月	日			十	亿	千	百	十	万	千	百	十	元	角	分	十	亿	千	百	十	万	千	百	十	元	角	分		十	亿	千	百	十	万	千	百	十	元	角	分

会计科目名称及编号________________

年		凭证编号	摘要	借方												贷方												借或贷	余额											
月	日			十	亿	千	百	十	万	千	百	十	元	角	分	十	亿	千	百	十	万	千	百	十	元	角	分		十	亿	千	百	十	万	千	百	十	元	角	分

会计科目名称及编号________________

年		凭证编号	摘要	借方												贷方												借或贷	余额											
月	日			十	亿	千	百	十	万	千	百	十	元	角	分	十	亿	千	百	十	万	千	百	十	元	角	分		十	亿	千	百	十	万	千	百	十	元	角	分

会计科目名称及编号________________

年		凭证编号	摘要	借方												贷方												借或贷	余额											
月	日			十	亿	千	百	十	万	千	百	十	元	角	分	十	亿	千	百	十	万	千	百	十	元	角	分		十	亿	千	百	十	万	千	百	十	元	角	分

会计科目名称及编号________________

年		凭证编号	摘要	借方												贷方												借或贷	余额											
月	日			十	亿	千	百	十	万	千	百	十	元	角	分	十	亿	千	百	十	万	千	百	十	元	角	分		十	亿	千	百	十	万	千	百	十	元	角	分

总 账

会计科目名称及编号________________

年		凭证编号	摘要	借方												贷方												借或贷	余额											
月	日			十	亿	千	百	十	万	千	百	十	元	角	分	十	亿	千	百	十	万	千	百	十	元	角	分		十	亿	千	百	十	万	千	百	十	元	角	分

总 账

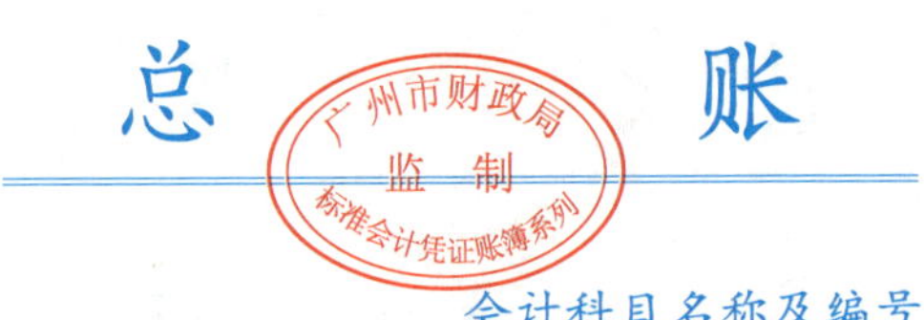

会计科目名称及编号________________

年		凭证编号	摘要	借方												贷方												借或贷	余额											
月	日			十	亿	千	百	十	万	千	百	十	元	角	分	十	亿	千	百	十	万	千	百	十	元	角	分		十	亿	千	百	十	万	千	百	十	元	角	分

总 账

会计科目名称及编号________________

年		凭证编号	摘要	借方												贷方												借或贷	余额											
月	日			十	亿	千	百	十	万	千	百	十	元	角	分	十	亿	千	百	十	万	千	百	十	元	角	分		十	亿	千	百	十	万	千	百	十	元	角	分

总 账

会计科目名称及编号________________

年		凭证编号	摘要	借方												贷方												借或贷	余额											
月	日			十	亿	千	百	十	万	千	百	十	元	角	分	十	亿	千	百	十	万	千	百	十	元	角	分		十	亿	千	百	十	万	千	百	十	元	角	分

总 账

会计科目名称及编号______________

年		凭证编号	摘要	借方												贷方												借或贷	余额											
月	日			十	亿	千	百	十	万	千	百	十	元	角	分	十	亿	千	百	十	万	千	百	十	元	角	分		十	亿	千	百	十	万	千	百	十	元	角	分

总 账

会计科目名称及编号______________

年		凭证编号	摘要	借方												贷方												借或贷	余额											
月	日			十	亿	千	百	十	万	千	百	十	元	角	分	十	亿	千	百	十	万	千	百	十	元	角	分		十	亿	千	百	十	万	千	百	十	元	角	分

分　类　账

账号	总页码
页次	

账户名称：________________　__________　__________

年		凭证编号	摘要	借方											✓	贷方											✓	借或贷	余额											核对
月	日			亿	千	百	十	万	千	百	十	元	角	分		亿	千	百	十	万	千	百	十	元	角	分			亿	千	百	十	万	千	百	十	元	角	分	

分　类　账

账号	总页码
页次	

账户名称：________________　__________　__________

年		凭证编号	摘要	借方											✓	贷方											✓	借或贷	余额											核对
月	日			亿	千	百	十	万	千	百	十	元	角	分		亿	千	百	十	万	千	百	十	元	角	分			亿	千	百	十	万	千	百	十	元	角	分	

分 类 账

账 号	总页码
页 次	

账户名称：____________________　____________　____________

年		凭证编号	摘要	借方											✓	贷方											✓	借或贷	余额											核对
月	日			亿	千	百	十	万	千	百	十	元	角	分		亿	千	百	十	万	千	百	十	元	角	分			亿	千	百	十	万	千	百	十	元	角	分	

分 类 账

广州市财政局
监 制
标准会计凭证账簿系列

账 号	总页码
页 次	

账户名称：____________________　____________　____________

年		凭证编号	摘要	借方											✓	贷方											✓	借或贷	余额											核对
月	日			亿	千	百	十	万	千	百	十	元	角	分		亿	千	百	十	万	千	百	十	元	角	分			亿	千	百	十	万	千	百	十	元	角	分	

分类账

账号	总页码
页次	

账户名称：

年		凭证编号	摘要	借方											✓	贷方											✓	借或贷	余额											核对
月	日			亿	千	百	十	万	千	百	十	元	角	分		亿	千	百	十	万	千	百	十	元	角	分			亿	千	百	十	万	千	百	十	元	角	分	

分类账

账号	总页码
页次	

账户名称：

年		凭证编号	摘要	借方											✓	贷方											✓	借或贷	余额											核对
月	日			亿	千	百	十	万	千	百	十	元	角	分		亿	千	百	十	万	千	百	十	元	角	分			亿	千	百	十	万	千	百	十	元	角	分	

分类账

账号	总页码
页次	

账户名称：________________ __________ __________

年		凭证编号	摘要	借方											✓	贷方											✓	借或贷	余额											核对
月	日			亿	千	百	十	万	千	百	十	元	角	分		亿	千	百	十	万	千	百	十	元	角	分			亿	千	百	十	万	千	百	十	元	角	分	

分类账

账号	总页码
页次	

账户名称：________________ __________ __________

年		凭证编号	摘要	借方											✓	贷方											✓	借或贷	余额											核对
月	日			亿	千	百	十	万	千	百	十	元	角	分		亿	千	百	十	万	千	百	十	元	角	分			亿	千	百	十	万	千	百	十	元	角	分	

分　类　账

账　号	总页码
页　次	

账户名称：__________________　　__________　　__________

年		凭证编号	摘　要	借方											✓	贷方											✓	借或贷	余额											核对
月	日			亿	千	百	十	万	千	百	十	元	角	分		亿	千	百	十	万	千	百	十	元	角	分			亿	千	百	十	万	千	百	十	元	角	分	

分　类　账

账　号	总页码
页　次	

账户名称：__________________　　__________　　__________

年		凭证编号	摘　要	借方											✓	贷方											✓	借或贷	余额											核对
月	日			亿	千	百	十	万	千	百	十	元	角	分		亿	千	百	十	万	千	百	十	元	角	分			亿	千	百	十	万	千	百	十	元	角	分	

分类账

账号	总页码
页次	

账户名称：________________ __________ __________

年		凭证编号	摘要	借方										✓	贷方										✓	借或贷	余额										核对
月	日			亿	千	百	十	万	千	百	十	元	角	分	亿	千	百	十	万	千	百	十	元	角	分			亿	千	百	十	万	千	百	十	元	角	分	

分类账

广州市财政局
监制
标准会计凭证账簿系列

账号	总页码
页次	

账户名称：________________ __________ __________

年		凭证编号	摘要	借方										✓	贷方										✓	借或贷	余额										核对
月	日			亿	千	百	十	万	千	百	十	元	角	分	亿	千	百	十	万	千	百	十	元	角	分			亿	千	百	十	万	千	百	十	元	角	分	

账 号	总页码
页 次	

账户名称：__________________ ____________ ____________

年		凭证编号	摘 要	借 方											✓	贷 方											✓	借或贷	余 额											核对
月	日			亿	千	百	十	万	千	百	十	元	角	分		亿	千	百	十	万	千	百	十	元	角	分			亿	千	百	十	万	千	百	十	元	角	分	

账 号	总页码
页 次	

账户名称：__________________ ____________ ____________

年		凭证编号	摘 要	借 方											✓	贷 方											✓	借或贷	余 额											核对
月	日			亿	千	百	十	万	千	百	十	元	角	分		亿	千	百	十	万	千	百	十	元	角	分			亿	千	百	十	万	千	百	十	元	角	分	

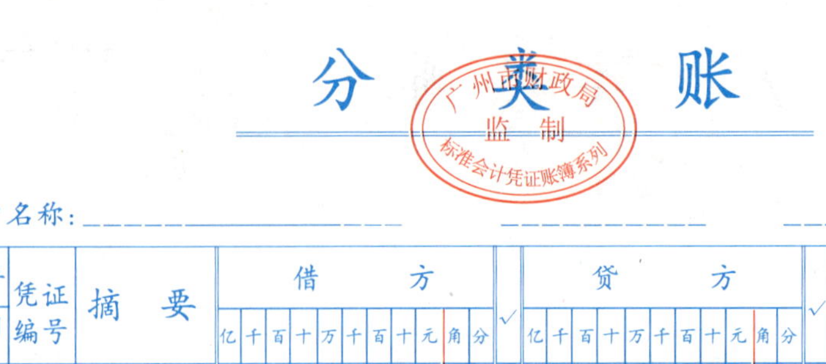

分类账

账号	总页码
页次	

账户名称：______________________ ______________ ______________

年		凭证编号	摘要	借方											✓	贷方											✓	借或贷	余额											核对
月	日			亿	千	百	十	万	千	百	十	元	角	分		亿	千	百	十	万	千	百	十	元	角	分			亿	千	百	十	万	千	百	十	元	角	分	

分类账

广州市财政局
监制
标准会计凭证账簿系列

账号	总页码
页次	

账户名称：______________________ ______________ ______________

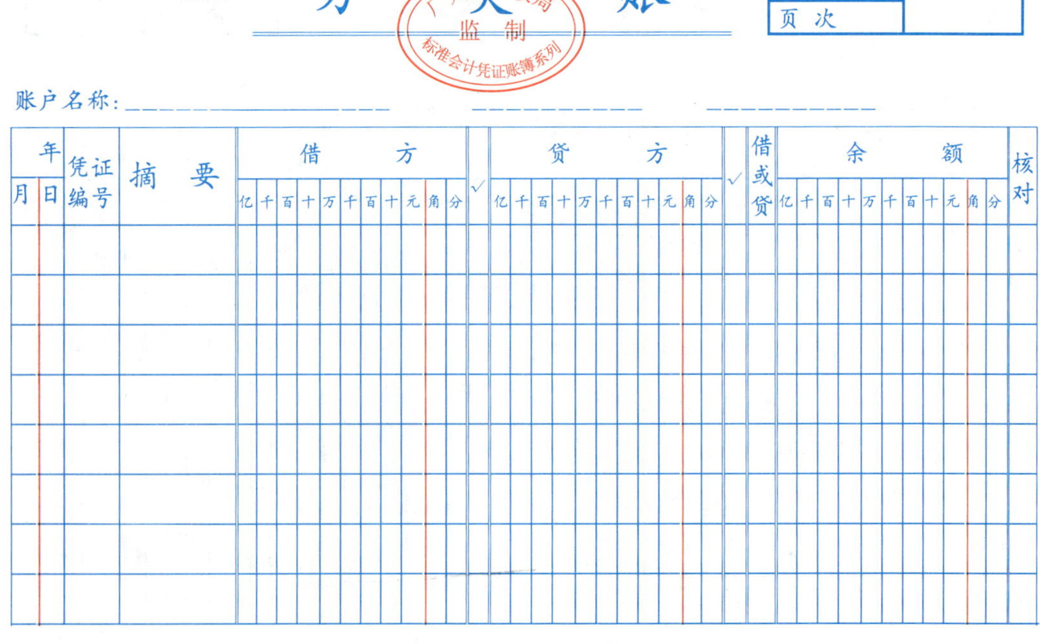

年		凭证编号	摘要	借方											✓	贷方											✓	借或贷	余额											核对
月	日			亿	千	百	十	万	千	百	十	元	角	分		亿	千	百	十	万	千	百	十	元	角	分			亿	千	百	十	万	千	百	十	元	角	分	

分 类 账

账 号	总页码
页 次	

账户名称：__________________ ___________ ___________

年		凭证编号	摘 要	借 方											✓	贷 方											✓	借或贷	余 额											核对
月	日			亿	千	百	十	万	千	百	十	元	角	分		亿	千	百	十	万	千	百	十	元	角	分			亿	千	百	十	万	千	百	十	元	角	分	

分 类 账

账 号	总页码
页 次	

账户名称：__________________ ___________ ___________

年		凭证编号	摘 要	借 方											✓	贷 方											✓	借或贷	余 额											核对
月	日			亿	千	百	十	万	千	百	十	元	角	分		亿	千	百	十	万	千	百	十	元	角	分			亿	千	百	十	万	千	百	十	元	角	分	

分类账

账 号	总页码
页 次	

账户名称：

年		凭证编号	摘要	借方											√	贷方											√	借或贷	余额											核对
月	日			亿	千	百	十	万	千	百	十	元	角	分		亿	千	百	十	万	千	百	十	元	角	分			亿	千	百	十	万	千	百	十	元	角	分	

分类账

广州市财政局
监 制
标准会计凭证账簿系列

账 号	总页码
页 次	

账户名称：

年		凭证编号	摘要	借方											√	贷方											√	借或贷	余额											核对
月	日			亿	千	百	十	万	千	百	十	元	角	分		亿	千	百	十	万	千	百	十	元	角	分			亿	千	百	十	万	千	百	十	元	角	分	

分 类 账

账 号	总页码
页 次	

账户名称：________________ __________ __________

年		凭证编号	摘要	借方											✓	贷方											✓	借或贷	余额											核对
月	日			亿	千	百	十	万	千	百	十	元	角	分		亿	千	百	十	万	千	百	十	元	角	分			亿	千	百	十	万	千	百	十	元	角	分	

分 类 账

账 号	总页码
页 次	

账户名称：________________ __________ __________

年		凭证编号	摘要	借方											✓	贷方											✓	借或贷	余额											核对
月	日			亿	千	百	十	万	千	百	十	元	角	分		亿	千	百	十	万	千	百	十	元	角	分			亿	千	百	十	万	千	百	十	元	角	分	

分类账

账号	总页码
页次	

账户名称：________________ __________ __________

年		凭证编号	摘要	借方											✓	贷方											✓	借或贷	余额											核对
月	日			亿	千	百	十	万	千	百	十	元	角	分		亿	千	百	十	万	千	百	十	元	角	分			亿	千	百	十	万	千	百	十	元	角	分	

分类账

账号	总页码
页次	

账户名称：________________ __________ __________

年		凭证编号	摘要	借方											✓	贷方											✓	借或贷	余额											核对
月	日			亿	千	百	十	万	千	百	十	元	角	分		亿	千	百	十	万	千	百	十	元	角	分			亿	千	百	十	万	千	百	十	元	角	分	

分类账

账号	总页码
页次	

账户名称：________________　__________　__________

年		凭证编号	摘要	借方											✓	贷方											✓	借或贷	余额											核对
月	日			亿	千	百	十	万	千	百	十	元	角	分		亿	千	百	十	万	千	百	十	元	角	分			亿	千	百	十	万	千	百	十	元	角	分	

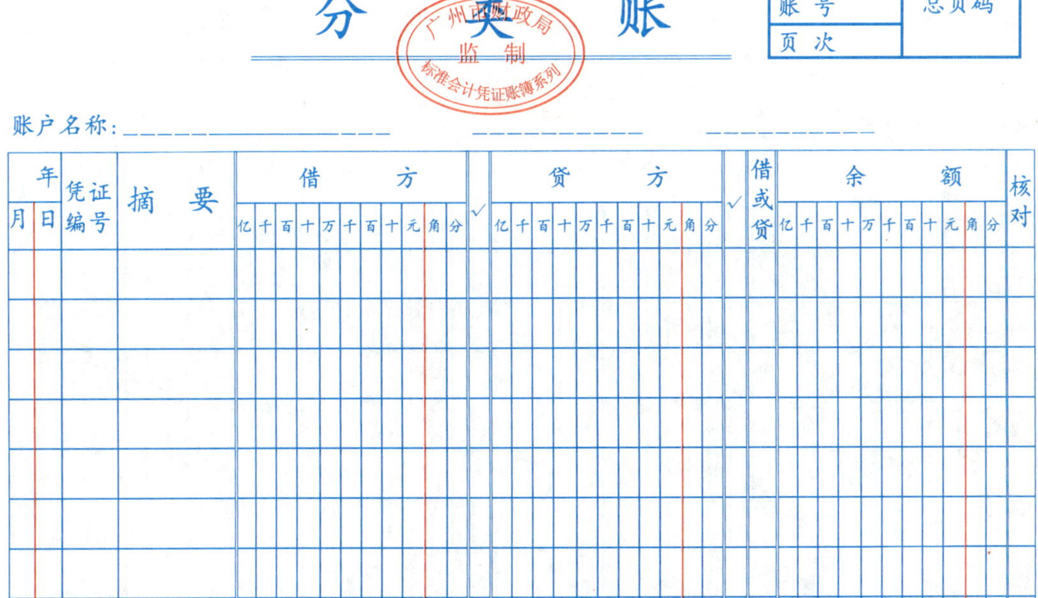

分类账

账号	总页码
页次	

账户名称：________________　__________　__________

年		凭证编号	摘要	借方											✓	贷方											✓	借或贷	余额											核对
月	日			亿	千	百	十	万	千	百	十	元	角	分		亿	千	百	十	万	千	百	十	元	角	分			亿	千	百	十	万	千	百	十	元	角	分	

分类账

账号	总页码
页次	

账户名称：______________ ______________ ______________

年		凭证编号	摘要	借方											✓	贷方											✓	借或贷	余额											核对
月	日			亿	千	百	十	万	千	百	十	元	角	分		亿	千	百	十	万	千	百	十	元	角	分			亿	千	百	十	万	千	百	十	元	角	分	

分类账

账号	总页码
页次	

账户名称：______________ ______________ ______________

年		凭证编号	摘要	借方											✓	贷方											✓	借或贷	余额											核对
月	日			亿	千	百	十	万	千	百	十	元	角	分		亿	千	百	十	万	千	百	十	元	角	分			亿	千	百	十	万	千	百	十	元	角	分	

分　类　账

账号	总页码
页次	

账户名称：____________________　____________　____________

年		凭证编号	摘要	借方											✓	贷方											✓	借或贷	余额											核对
月	日			亿	千	百	十	万	千	百	十	元	角	分		亿	千	百	十	万	千	百	十	元	角	分			亿	千	百	十	万	千	百	十	元	角	分	

分　类　账

账号	总页码
页次	

账户名称：____________________　____________　____________

年		凭证编号	摘要	借方											✓	贷方											✓	借或贷	余额											核对
月	日			亿	千	百	十	万	千	百	十	元	角	分		亿	千	百	十	万	千	百	十	元	角	分			亿	千	百	十	万	千	百	十	元	角	分	

账号	总页码
页次	

账户名称：________________ __________ __________

年		凭证编号	摘要	借方											✓	贷方											✓	借或贷	余额											核对
月	日			亿	千	百	十	万	千	百	十	元	角	分		亿	千	百	十	万	千	百	十	元	角	分			亿	千	百	十	万	千	百	十	元	角	分	

分 类 账

广州市财政局
监 制
标准会计凭证账簿系列

账号	总页码
页次	

账户名称：________________ __________ __________

年		凭证编号	摘要	借方											✓	贷方											✓	借或贷	余额											核对
月	日			亿	千	百	十	万	千	百	十	元	角	分		亿	千	百	十	万	千	百	十	元	角	分			亿	千	百	十	万	千	百	十	元	角	分	

分类账

账号	总页码
页次	

账户名称：________________　__________　__________

年		凭证编号	摘要	借方											✓	贷方											✓	借或贷	余额											核对
月	日			亿	千	百	十	万	千	百	十	元	角	分		亿	千	百	十	万	千	百	十	元	角	分			亿	千	百	十	万	千	百	十	元	角	分	

分类账

账号	总页码
页次	

账户名称：________________　__________　__________

年		凭证编号	摘要	借方											✓	贷方											✓	借或贷	余额											核对
月	日			亿	千	百	十	万	千	百	十	元	角	分		亿	千	百	十	万	千	百	十	元	角	分			亿	千	百	十	万	千	百	十	元	角	分	

分类账

账号	总页码
页次	

账户名称：____________________ ____________ ____________

年		凭证编号	摘要	借方											✓	贷方											✓	借或贷	余额											核对
月	日			亿	千	百	十	万	千	百	十	元	角	分		亿	千	百	十	万	千	百	十	元	角	分			亿	千	百	十	万	千	百	十	元	角	分	

分类账

广州市财政局
监制
标准会计凭证账簿系列

账号	总页码
页次	

账户名称：____________________ ____________ ____________

年		凭证编号	摘要	借方											✓	贷方											✓	借或贷	余额											核对
月	日			亿	千	百	十	万	千	百	十	元	角	分		亿	千	百	十	万	千	百	十	元	角	分			亿	千	百	十	万	千	百	十	元	角	分	

分类账

账号	总页码
页次	

账户名称：____________________ ____________ ____________

年		凭证编号	摘要	借方											✓	贷方											✓	借或贷	余额											核对
月	日			亿	千	百	十	万	千	百	十	元	角	分		亿	千	百	十	万	千	百	十	元	角	分			亿	千	百	十	万	千	百	十	元	角	分	

分类账

账号	总页码
页次	

账户名称：____________________ ____________ ____________

年		凭证编号	摘要	借方											✓	贷方											✓	借或贷	余额											核对
月	日			亿	千	百	十	万	千	百	十	元	角	分		亿	千	百	十	万	千	百	十	元	角	分			亿	千	百	十	万	千	百	十	元	角	分	

账 号	总页码
页 次	

账户名称：

年		凭证编号	摘 要	借 方											✓	贷 方											✓	借或贷	余 额											核对
月	日			亿	千	百	十	万	千	百	十	元	角	分		亿	千	百	十	万	千	百	十	元	角	分			亿	千	百	十	万	千	百	十	元	角	分	

账 号	总页码
页 次	

账户名称：

年		凭证编号	摘 要	借 方											✓	贷 方											✓	借或贷	余 额											核对
月	日			亿	千	百	十	万	千	百	十	元	角	分		亿	千	百	十	万	千	百	十	元	角	分			亿	千	百	十	万	千	百	十	元	角	分	

分类账

账号	总页码
页次	

账户名称:________________ __________ __________

年		凭证编号	摘要	借方											✓	贷方											✓	借或贷	余额											核对
月	日			亿	千	百	十	万	千	百	十	元	角	分		亿	千	百	十	万	千	百	十	元	角	分			亿	千	百	十	万	千	百	十	元	角	分	

分类账

账号	总页码
页次	

账户名称:________________ __________ __________

年		凭证编号	摘要	借方											✓	贷方											✓	借或贷	余额											核对
月	日			亿	千	百	十	万	千	百	十	元	角	分		亿	千	百	十	万	千	百	十	元	角	分			亿	千	百	十	万	千	百	十	元	角	分	

分类账

广州市财政局 监制 标准会计凭证账簿系列

账号	总页码
页次	

账户名称：

年		凭证编号	摘要	借方											✓	贷方											✓	借或贷	余额											核对
月	日			亿	千	百	十	万	千	百	十	元	角	分		亿	千	百	十	万	千	百	十	元	角	分			亿	千	百	十	万	千	百	十	元	角	分	

分类账

广州市财政局 监制 标准会计凭证账簿系列

账号	总页码
页次	

账户名称：

年		凭证编号	摘要	借方											✓	贷方											✓	借或贷	余额											核对
月	日			亿	千	百	十	万	千	百	十	元	角	分		亿	千	百	十	万	千	百	十	元	角	分			亿	千	百	十	万	千	百	十	元	角	分	

分类账

账号	总页码
页次	

账户名称：________________　__________　__________

年		凭证编号	摘要	借方											✓	贷方											✓	借或贷	余额											核对
月	日			亿	千	百	十	万	千	百	十	元	角	分		亿	千	百	十	万	千	百	十	元	角	分			亿	千	百	十	万	千	百	十	元	角	分	

分类账

账号	总页码
页次	

账户名称：________________　__________　__________

年		凭证编号	摘要	借方											✓	贷方											✓	借或贷	余额											核对
月	日			亿	千	百	十	万	千	百	十	元	角	分		亿	千	百	十	万	千	百	十	元	角	分			亿	千	百	十	万	千	百	十	元	角	分	

分类账

账号	总页码
页次	

账户名称：____________________ ____________ ____________

年		凭证编号	摘要	借方											✓	贷方											✓	借或贷	余额											核对
月	日			亿	千	百	十	万	千	百	十	元	角	分		亿	千	百	十	万	千	百	十	元	角	分			亿	千	百	十	万	千	百	十	元	角	分	

分类账

广州市财政局
监制
标准会计凭证账簿系列

账号	总页码
页次	

账户名称：____________________ ____________ ____________

年		凭证编号	摘要	借方											✓	贷方											✓	借或贷	余额											核对
月	日			亿	千	百	十	万	千	百	十	元	角	分		亿	千	百	十	万	千	百	十	元	角	分			亿	千	百	十	万	千	百	十	元	角	分	

分类账

账号	总页码
页次	

账户名称：__________________　__________　__________

年		凭证编号	摘要	借方											✓	贷方											✓	借或贷	余额											核对
月	日			亿	千	百	十	万	千	百	十	元	角	分		亿	千	百	十	万	千	百	十	元	角	分			亿	千	百	十	万	千	百	十	元	角	分	

分类账

账号	总页码
页次	

账户名称：__________________　__________　__________

年		凭证编号	摘要	借方											✓	贷方											✓	借或贷	余额											核对
月	日			亿	千	百	十	万	千	百	十	元	角	分		亿	千	百	十	万	千	百	十	元	角	分			亿	千	百	十	万	千	百	十	元	角	分	

分 类 账

账号	总页码
页次	

账户名称：________________ ____________ ____________

年		凭证编号	摘要	借方											✓	贷方											✓	借或贷	余额											核对
月	日			亿	千	百	十	万	千	百	十	元	角	分		亿	千	百	十	万	千	百	十	元	角	分			亿	千	百	十	万	千	百	十	元	角	分	

分类账

广州市财政局
监制
标准会计凭证账簿系列

账号	总页码
页次	

账户名称：________________ ____________ ____________

年		凭证编号	摘要	借方											✓	贷方											✓	借或贷	余额											核对
月	日			亿	千	百	十	万	千	百	十	元	角	分		亿	千	百	十	万	千	百	十	元	角	分			亿	千	百	十	万	千	百	十	元	角	分	

分类账

账 号	总页码
页 次	

账户名称：________________ __________ __________

年		凭证编号	摘 要	借 方											✓	贷 方											✓	借或贷	余 额											核对
月	日			亿	千	百	十	万	千	百	十	元	角	分		亿	千	百	十	万	千	百	十	元	角	分			亿	千	百	十	万	千	百	十	元	角	分	

分类账

账 号	总页码
页 次	

账户名称：________________ __________ __________

年		凭证编号	摘 要	借 方											✓	贷 方											✓	借或贷	余 额											核对
月	日			亿	千	百	十	万	千	百	十	元	角	分		亿	千	百	十	万	千	百	十	元	角	分			亿	千	百	十	万	千	百	十	元	角	分	

分类账

账号	总页码
页次	

账户名称：________________ ____________ ____________

年		凭证编号	摘要	借方												贷方												借或贷	余额										核对
月	日			亿	千	百	十	万	千	百	十	元	角	分	✓	亿	千	百	十	万	千	百	十	元	角	分	✓		亿	千	百	十	万	千	百	十	元	角	分	

分类账

广州市财政局 监制 标准会计凭证账簿系列

账号	总页码
页次	

账户名称：________________ ____________ ____________

年		凭证编号	摘要	借方												贷方												借或贷	余额										核对
月	日			亿	千	百	十	万	千	百	十	元	角	分	✓	亿	千	百	十	万	千	百	十	元	角	分	✓		亿	千	百	十	万	千	百	十	元	角	分	

账 号		总页码
页 次		

广州市财政局 监制 标准会计凭证账簿系列

最高存量：
最低存量：

明细科目＿＿＿＿＿＿＿＿＿＿

品名＿＿＿＿＿ 类别＿＿＿＿＿ 存放地点＿＿＿＿＿ 规格＿＿＿＿＿ 计量单位＿＿＿＿＿ 编号＿＿＿＿

年		凭证编号	摘要	借方												贷方												借或贷	余额												核对号
月	日			数量	单价	金额										数量	单价	金额											数量	单价	金额										
						千	百	十	万	千	百	十	元	角	分			千	百	十	万	千	百	十	元	角	分				千	百	十	万	千	百	十	元	角	分	

账 号		总页码
页 次		

广州市财政局 监制 标准会计凭证账簿系列

最高存量：
最低存量：

明细科目＿＿＿＿＿＿＿＿

品名＿＿＿＿ 类别＿＿＿＿ 存放地点＿＿＿＿ 规格＿＿＿＿ 计量单位＿＿＿＿ 编号＿＿＿＿

年		凭证编号	摘要	借方												贷方												借或贷	余额												核对号
月	日			数量	单价	金额										数量	单价	金额											数量	单价	金额										
						千	百	十	万	千	百	十	元	角	分			千	百	十	万	千	百	十	元	角	分				千	百	十	万	千	百	十	元	角	分	

账 号		总页码
页 次		

广州市财政局 监制 标准会计凭证账簿系列

最高存量:
最低存量:

明细科目 ______________

品名 ________ 类别 ________ 存放地点 ________ 规格 ________ 计量单位 ________ 编号 ________

年		凭证编号	摘要	借方												贷方												借或贷	余额												核对号
月	日			数量	单价	金额										数量	单价	金额											数量	单价	金额										
						千	百	十	万	千	百	十	元	角	分			千	百	十	万	千	百	十	元	角	分				千	百	十	万	千	百	十	元	角	分	

账号	
页次	

总页码

最高存量：
最低存量：

明细科目＿＿＿＿＿＿

品名＿＿＿＿＿＿ 类别＿＿＿＿＿＿ 存放地点＿＿＿＿＿＿ 规格＿＿＿＿＿＿ 计量单位＿＿＿＿＿＿ 编号＿＿＿＿＿＿

年		凭证编号	摘要	借方												贷方												借或贷	余额												核对号
月	日			数量	单价	金额										数量	单价	金额											数量	单价	金额										
						十	百	十	万	千	百	十	元	角	分			十	百	十	万	千	百	十	元	角	分				十	百	十	万	千	百	十	元	角	分	

账号		总页码
页次		

广州市财政局 监制 标准会计凭证账簿系列

最高存量：
最低存量：

明细科目＿＿＿＿＿＿＿＿

品名＿＿＿＿＿ 类别＿＿＿＿＿ 存放地点＿＿＿＿＿ 规格＿＿＿＿＿ 计量单位＿＿＿＿＿ 编号＿＿＿＿＿

年		凭证编号	摘要	借方												贷方												借或贷	余额												核对号
月	日			数量	单价	金额										数量	单价	金额											数量	单价	金额										
						千	百	十	万	千	百	十	元	角	分			千	百	十	万	千	百	十	元	角	分				千	百	十	万	千	百	十	元	角	分	

账号		总页码
页次		

广州市财政局 监制 标准会计凭证账簿系列

最高存量：
最低存量：

明细科目________________

品名__________ 类别__________ 存放地点__________ 规格__________ 计量单位__________ 编号__________

年		凭证编号	摘要	借方												贷方												借或贷	余额												核对号
月	日			数量	单价	金额										数量	单价	金额											数量	单价	金额										
						千	百	十	万	千	百	十	元	角	分			千	百	十	万	千	百	十	元	角	分				千	百	十	万	千	百	十	元	角	分	

账 号	总页码
页 次	

广州市财政局 监制 标准会计凭证账簿系列

最高存量：
最低存量：

明细科目________________________

品名______________ 类别______________ 存放地点______________ 规格______________ 计量单位______________ 编号__________

年		凭证编号	摘要	借方												贷方												借或贷	余额												核对号
月	日			数量	单价	金额										数量	单价	金额											数量	单价	金额										
						千	百	十	万	千	百	十	元	角	分			千	百	十	万	千	百	十	元	角	分				千	百	十	万	千	百	十	元	角	分	

账号	总页码
页次	

广州市财政局 监制 标准会计凭证账簿系列

最高存量：
最低存量：

明细科目＿＿＿＿＿＿＿＿

品名＿＿＿＿ 类别＿＿＿＿ 存放地点＿＿＿＿ 规格＿＿＿＿ 计量单位＿＿＿＿ 编号＿＿＿＿

年		凭证编号	摘要	借方												贷方												借或贷	余额												核对号
月	日			数量	单价	金额										数量	单价	金额											数量	单价	金额										
						千	百	十	万	千	百	十	元	角	分			千	百	十	万	千	百	十	元	角	分				千	百	十	万	千	百	十	元	角	分	

账号	总页码
页次	

最高存量：
最低存量：

明细科目＿＿＿＿＿＿＿＿＿＿

品名＿＿＿＿＿＿ 类别＿＿＿＿＿＿ 存放地点＿＿＿＿＿＿ 规格＿＿＿＿＿＿ 计量单位＿＿＿＿＿＿ 编号＿＿＿＿

年		凭证编号	摘要	借方												贷方												借或贷	余额												核对号
月	日			数量	单价	金额										数量	单价	金额											数量	单价	金额										
						千	百	十	万	千	百	十	元	角	分			千	百	十	万	千	百	十	元	角	分				千	百	十	万	千	百	十	元	角	分	

账号		总页码
页次		

广州市财政局 监制 标准会计凭证账簿系列

最高存量：
最低存量：

明细科目＿＿＿＿＿＿＿＿

品名＿＿＿＿ 类别＿＿＿＿ 存放地点＿＿＿＿ 规格＿＿＿＿ 计量单位＿＿＿＿ 编号＿＿＿＿

年		凭证编号	摘要	借方												贷方												借或贷	余额												核对号
月	日			数量	单价	金额										数量	单价	金额											数量	单价	金额										
						千	百	十	万	千	百	十	元	角	分			千	百	十	万	千	百	十	元	角	分				千	百	十	万	千	百	十	元	角	分	

账号		总页码
页次		

广州市财政局 监制 标准会计凭证账簿系列

最高存量：
最低存量：

明细科目＿＿＿＿＿＿＿＿＿＿＿＿＿＿＿＿

品名＿＿＿＿＿＿ 类别＿＿＿＿＿＿ 存放地点＿＿＿＿＿＿ 规格＿＿＿＿＿＿ 计量单位＿＿＿＿＿＿ 编号＿＿＿＿

年		凭证编号	摘要	借方												贷方												借或贷	余额												核对号
				数量	单价	金额										数量	单价	金额											数量	单价	金额										
月	日					千	百	十	万	千	百	十	元	角	分			千	百	十	万	千	百	十	元	角	分				千	百	十	万	千	百	十	元	角	分	

账号		总页码
页次		

最高存量：
最低存量：

明细科目＿＿＿＿＿＿＿＿＿＿

品名＿＿＿＿＿＿ 类别＿＿＿＿＿＿ 存放地点＿＿＿＿＿＿ 规格＿＿＿＿＿＿ 计量单位＿＿＿＿＿＿ 编号＿＿＿＿

年		凭证编号	摘要	借方												贷方												借或贷	余额												核对号
月	日			数量	单价	金额										数量	单价	金额											数量	单价	金额										
						千	百	十	万	千	百	十	元	角	分			千	百	十	万	千	百	十	元	角	分				千	百	十	万	千	百	十	元	角	分	

在途物资明细账

明细科目：　　　　　　　　　　　　　　　　第　　页

年		凭证号数	发票账单号数	供应单位或采购员姓名	摘要	借方				年		凭证号数	发票账单号数	摘要	贷方		
月	日					买价	运杂费	其他	合计	月	日				实际成本	其他	合计
						百十万千百十元角分	百十万千百十元角分	百十万千百十元角分	百十万千百十元角分						百十万千百十元角分	百十万千百十元角分	百十万千百十元角分

在途物资明细账

明细科目：　　　　　　　　　　　　　　　　　　　　　　　　第　　页

年 月	年 日	凭证号数	发票账单号数	供应单位或采购员姓名	摘要	借方 买价（百十万千百十元角分）	借方 运杂费（百十万千百十元角分）	借方 其他（百十万千百十元角分）	借方 合计（百十万千百十元角分）	年 月	年 日	凭证号数	发票账单号数	摘要	贷方 实际成本（百十万千百十元角分）	贷方 其他（百十万千百十元角分）	贷方 合计（百十万千百十元角分）

在途物资明细账

明细科目：　　　　　　　　　　　　　　　　　　　　　　　　　　　　　第　　页

年		凭证号数	发票账单号数	供应单位或采购员姓名	摘　要	借　方				年		凭证号数	发票账单号数	摘　要	贷　方		
月	日					买　价	运杂费	其　他	合　计	月	日				实际成本	其　他	合　计
						百十万千百十元角分	百十万千百十元角分	百十万千百十元角分	百十万千百十元角分						百十万千百十元角分	百十万千百十元角分	百十万千百十元角分

基本生产成本明细账

产品名称：

年		凭证编号	摘要	成本项目																											合计								
月	日			直接材料									直接人工									制造费用																	
				百	十	万	千	百	十	元	角	分	百	十	万	千	百	十	元	角	分	百	十	万	千	百	十	元	角	分	百	十	万	千	百	十	元	角	分

基本生产成本明细账

产品名称：

年		凭证编号	摘要	成本项目																											合计								
月	日			直接材料									直接人工									制造费用																	
				百	十	万	千	百	十	元	角	分	百	十	万	千	百	十	元	角	分	百	十	万	千	百	十	元	角	分	百	十	万	千	百	十	元	角	分

基本生产成本明细账

产品名称：

年		凭证编号	摘　要	成本项目																											合　计								
月	日			直接材料									直接人工									制造费用																	
				百	十	万	千	百	十	元	角	分	百	十	万	千	百	十	元	角	分	百	十	万	千	百	十	元	角	分	百	十	万	千	百	十	元	角	分

费用明细账

年		凭证号数	摘要	合计								借方金额																																													
月	日			十	万	千	百	十	元	角	分	十	万	千	百	十	元	角	分	十	万	千	百	十	元	角	分	十	万	千	百	十	元	角	分	十	万	千	百	十	元	角	分	十	万	千	百	十	元	角	分	十	万	千	百	十	元	角	分

费用明细账

年		凭证号数	摘要	合计								借方金额																																													
月	日			十	万	千	百	十	元	角	分	十	万	千	百	十	元	角	分	十	万	千	百	十	元	角	分	十	万	千	百	十	元	角	分	十	万	千	百	十	元	角	分	十	万	千	百	十	元	角	分	十	万	千	百	十	元	角	分

费用明细账

年		凭证号数	摘要	合计								借方金额																																											
月	日			十	万	千	百	十	元	角	分	十	万	千	百	十	元	角	分	十	万	千	百	十	元	角	分	十	万	千	百	十	元	角	分	十	万	千	百	十	元	角	分	十	万	千	百	十	元	角	分	十	万	千	百	十	元	角	分

费用明细账

年		凭证号数	摘要	合计								借方金额																																													
月	日			十	万	千	百	十	元	角	分	十	万	千	百	十	元	角	分	十	万	千	百	十	元	角	分	十	万	千	百	十	元	角	分	十	万	千	百	十	元	角	分	十	万	千	百	十	元	角	分	十	万	千	百	十	元	角	分

费用明细账

年		凭证号数	摘要	合计								借方金额																																													
月	日			十	万	千	百	十	元	角	分	十	万	千	百	十	元	角	分	十	万	千	百	十	元	角	分	十	万	千	百	十	元	角	分	十	万	千	百	十	元	角	分	十	万	千	百	十	元	角	分	十	万	千	百	十	元	角	分

费用明细账

年		凭证号数	摘要	合计								借方金额																																													
月	日			十	万	千	百	十	元	角	分	十	万	千	百	十	元	角	分	十	万	千	百	十	元	角	分	十	万	千	百	十	元	角	分	十	万	千	百	十	元	角	分	十	万	千	百	十	元	角	分	十	万	千	百	十	元	角	分

费用明细账

年		凭证号数	摘要	合计								借方金额																																													
月	日			十	万	千	百	十	元	角	分	十	万	千	百	十	元	角	分	十	万	千	百	十	元	角	分	十	万	千	百	十	元	角	分	十	万	千	百	十	元	角	分	十	万	千	百	十	元	角	分	十	万	千	百	十	元	角	分

费用明细账

年		凭证号数	摘要	合计								借方金额																																													
月	日			十	万	千	百	十	元	角	分	十	万	千	百	十	元	角	分	十	万	千	百	十	元	角	分	十	万	千	百	十	元	角	分	十	万	千	百	十	元	角	分	十	万	千	百	十	元	角	分	十	万	千	百	十	元	角	分

申报扣税凭证封面

税款所属时期：　　　　　　　　　　本月扣税单证总册数：

纳税人名称：（盖章）　　　　　　　　本册编号：

本册扣税凭证份数合计：　　　　　　　金额单位：元至角分

项　目	17% 税率	13% 税率	6% 征收率	4% 征收率	收购农产品含税金额	运输发票含税金额	收购废旧物资含税金额	小 计
不含税金额								
税　额								
份　数								

申报扣税凭证封面

税款所属时期：　　　　　　　　　　本月扣税单证总册数：

纳税人名称：（盖章）　　　　　　　　本册编号：

本册扣税凭证份数合计：　　　　　　　金额单位：元至角分

项　目	17% 税率	13% 税率	6% 征收率	4% 征收率	收购农产品含税金额	运输发票含税金额	收购废旧物资含税金额	小 计
不含税金额								
税　额								
份　数								

出　纳　日　记　账

第　　　页

年		凭证编号	摘　　要	对方科目	票号	借　　方									贷　　方									借方余额								
月	日					百	十	万	千	百	十	元	角	分	百	十	万	千	百	十	元	角	分	百	十	万	千	百	十	元	角	分

出 纳 日 记 账

第　　页

年		凭证编号	摘要	对方科目	票号	借方									贷方									借方余额								
月	日					百	十	万	千	百	十	元	角	分	百	十	万	千	百	十	元	角	分	百	十	万	千	百	十	元	角	分

出　纳　日　记　账

第　　页

年		凭证编号	摘　要	对方科目	票号	借　方									贷　方									借方余额								
月	日					百	十	万	千	百	十	元	角	分	百	十	万	千	百	十	元	角	分	百	十	万	千	百	十	元	角	分

出　纳　日　记　账

第　　　　页

年		凭证编号	摘　　要	对方科目	票号	借　　方									贷　　方									借方余额								
月	日					百	十	万	千	百	十	元	角	分	百	十	万	千	百	十	元	角	分	百	十	万	千	百	十	元	角	分

科 目 汇 总 表

年　月　日至　日

会计科目	本期发生额		记账凭证起讫号数
	借　方	贷　方	
合　计			

科 目 汇 总 表

年　月　日至　日

会计科目	本期发生额		记账凭证起讫号数
	借　方	贷　方	
合　计			

科目汇总表

年　月　日至　日

会计科目	本期发生额		记账凭证起讫号数
	借　方	贷　方	
合　计			

科目汇总表

年　月　日至　日

会计科目	本期发生额		记账凭证起讫号数
	借　方	贷　方	
合　计			

科目汇总表

年　月　日至　日

会计科目	本期发生额		记账凭证起讫号数
	借　方	贷　方	
合　计			

试 算 平 衡 表

年 月 日

会 计 科 目	期初余额		本期发生额		期末余额	
	借 方	贷 方	借 方	贷 方	借 方	贷 方
合 计						

试算平衡表

年　月　日

会计科目	期初余额		本期发生额		期末余额	
	借方	贷方	借方	贷方	借方	贷方
合计						

试 算 平 衡 表

年　月　日

会 计 科 目	期初余额		本期发生额		期末余额	
	借 方	贷 方	借 方	贷 方	借 方	贷 方
合 计						

试算平衡表

年　月　日

会计科目	期初余额		本期发生额		期末余额	
	借　方	贷　方	借　方	贷　方	借　方	贷　方
合　计						

资产负债表

会企 01 表

编制单位： ___年___月___日 单位：元

资　产	期末余额	年初余额	负债和所有者权益（或股东权益）	期末余额	年初余额
流动资产：			流动负债：		
货币资金			短期借款		
交易性金融资产			交易性金融负债		
应收票据			应付票据		
应收账款			应付账款		
预付款项			预收款项		
应收利息			应付职工薪酬		
应收股利			应交税费		
其他应收款			应付利息		
存货			应付股利		
一年内到期的非流动资产			其他应付款		
其他流动资产			一年内到期的非流动负债		
流动资产合计			其他流动负债		
非流动资产：			流动负债合计		
可供出售金融资产			非流动负债：		
持有至到期投资			长期借款		
长期应收款			应付债券		
长期股权投资			长期应付款		
投资性房地产			专项应付款		
固定资产			预计负债		
在建工程			递延所得税负债		
工程物资			其他非流动负债		
固定资产清理			非流动负债合计		
生产性生物资产			负债合计		
油气资产			所有者权益（或股东权益）：		
无形资产			实收资本（或股本）		
开发支出			资本公积		
商誉			减：库存股		
长期待摊费用			盈余公积		
递延所得税资产			未分配利润		
其他非流动资产			所有者权益（或股东权益）合计		
非流动资产合计					
资产合计			负债和所有者权益（或股东权益）总计		

资产负债表

会企 01 表

编制单位：　　　　　　　　　　　　___年___月___日　　　　　　　　　　　　单位：元

资　产	期末余额	年初余额	负债和所有者权益（或股东权益）	期末余额	年初余额
流动资产：			流动负债：		
货币资金			短期借款		
交易性金融资产			交易性金融负债		
应收票据			应付票据		
应收账款			应付账款		
预付款项			预收款项		
应收利息			应付职工薪酬		
应收股利			应交税费		
其他应收款			应付利息		
存货			应付股利		
一年内到期的非流动资产			其他应付款		
其他流动资产			一年内到期的非流动负债		
流动资产合计			其他流动负债		
非流动资产：			流动负债合计		
可供出售金融资产			非流动负债：		
持有至到期投资			长期借款		
长期应收款			应付债券		
长期股权投资			长期应付款		
投资性房地产			专项应付款		
固定资产			预计负债		
在建工程			递延所得税负债		
工程物资			其他非流动负债		
固定资产清理			非流动负债合计		
生产性生物资产			负债合计		
油气资产			所有者权益（或股东权益）：		
无形资产			实收资本（或股本）		
开发支出			资本公积		
商誉			减：库存股		
长期待摊费用			盈余公积		
递延所得税资产			未分配利润		
其他非流动资产			所有者权益（或股东权益）合计		
非流动资产合计					
资产合计			负债和所有者权益（或股东权益）总计		

利 润 表

会企 02 表

编制单位：　　　　　　　　　　　　　　　　　　___年___月　　　　　　　　　　　　　　　　　　单位：元

项　目	本期金额	上期金额
一、营业收入		
减：营业成本		
营业税金及附加		
销售费用		
管理费用		
财务费用		
资产减值损失		
加：公允价值变动收益（损失以“－”号填列）		
投资收益（损失以“－”号填列）		
其中：对联营企业和合营企业的投资收益		
二、营业利润（亏损以“－”号填列）		
加：营业外收入		
减：营业外支出		
其中：非流动资产处置损失		
三、利润总额（亏损总额以“－”号填列）		
减：所得税费用		
四、净利润（净亏损以“－”号填列）		
五、每股收益：		
（一）基本每股收益		
（二）稀释每股收益		

利润表

会企 02 表

编制单位：　　　　　　　　　　　　　　___年___月　　　　　　　　　　　　　　单位：元

项　目	本期金额	上期金额
一、营业收入		
减：营业成本		
营业税金及附加		
销售费用		
管理费用		
财务费用		
资产减值损失		
加：公允价值变动收益（损失以“－”号填列）		
投资收益（损失以“－”号填列）		
其中：对联营企业和合营企业的投资收益		
二、营业利润（亏损以“－”号填列）		
加：营业外收入		
减：营业外支出		
其中：非流动资产处置损失		
三、利润总额（亏损总额以“－”号填列）		
减：所得税费用		
四、净利润（净亏损以“－”号填列）		
五、每股收益：		
（一）基本每股收益		
（二）稀释每股收益